古典文獻研究輯刊

二 編

潘美月・杜潔祥 主編

第 13 冊

老子學考

戴美芝 著

國家圖書館出版品預行編目資料

老子學考／戴美芝著 — 初版 — 台北縣永和市：花木蘭文化出
版社，2006〔民 95〕

序 2+ 目 2+188 面；19×26 公分
（古典文獻研究輯刊 二編：第 13 冊）

ISBN：986-7128-33-8（精裝）
1. 老子－研究與考訂

121.317   95003688

ISBN 986712833-8

古典文獻研究輯刊
二 編 第十三冊   ISBN：986-7128-33-8

老子學考

作　　者　戴美芝
主　　編　潘美月　杜潔祥
企劃出版　北京大學文化資源研究中心
出　　版　花木蘭文化出版社
發 行 所　花木蘭文化出版社
發 行 人　高小娟
聯絡地址　台北縣永和市中正路五九五號七樓之三
　　　　　電話：02-2923-1455／傳真：02-2923-1452
電子信箱　sut81518@ms59.hinet.net
初　　版　2006 年 3 月
定　　價　二編 20 冊（精裝）新台幣 31,000 元

老 子 學 考

戴美芝　著

作者簡介

戴美芝，生於 1965 年，臺灣省臺北縣人，現任國中教師。求學時接受科學、藝術、人文三階段不同性質的培育與涵養：臺北市立第一女子高級中學自然組、國立臺灣師範大學工藝教育學系及國文研究所教學碩士班。目前仍醉心於中國哲學，並認為人生應多方融攝與體證，才能更接近真理。

提　　要

　　歷來學者對於老子學史的研究，大多只是重點式的論述，較欠缺全面性的統計研究。若要作全盤性的統計研究，有其實質上的困難，但相信選定一個適當的取樣範圍，其所得的研究結果亦應有一定的價值。

　　本論文收錄先秦迄清亡止，中國有關研究《老子》之論著，但若其書名顯見是為道教養生、神話或方術而作，則不在本論文收錄之範圍內。本論文所收書目以歷代史志、後人補志為主，旁及私家書錄、圖書館目錄以及古人集解所引，礙於時限，許多地方通志之著錄只能闕而不論。

　　本論文之分類計有正文、傳注、音義、通論、專論、劄記、傳記、考證、校勘、評註、類釋、讚頌、目錄、文粹、輯佚等十五類。原欲對老子學下一番「辨章學術，考鏡源流」的功夫，但因所收錄之著作亡佚甚多，又因時限而無暇逐一分析猶有傳本之著作內容，故僅就所收錄之著作之形式加以分類，而無法就其思想內涵加以分流別派。

　　本論文以時代為經，類別為緯。不僅對每個著錄均作詳實的查考，且於老子其人其書俱有所考，而於老子學之流派及本末亦有詳論。最後統計各類老學著作在各代所佔之輕重比例，以觀二千多年來老學研究的興衰及研究重心的移轉。

　　漢初盛行黃老思想，之後漢武帝雖獨尊儒術，但自東漢後期，老學又開始復興。魏晉之世盛行玄學，其傳注、論說之盛僅次於宋、元時期。唐代興道學、玄學，刊立《道德經》經幢、經碑之風盛行，正文類之著作以此時最盛。宋、元時期，學者注重義理思辨，故以傳注類之著作最盛。明代興評點之學，評註之作顯著大增。明清之際從宋學轉為漢學。清代盛行考據，注疏、論說之作明顯銳減，但音義、劄記、考證、校勘等性質之著作，卻都是最盛之時。

　　大體看來，注疏、論說之作所佔之比例自明代開始下降，到清代而銳減。明代評註類抬頭，清代劄記類盛行。此現象亦可佐證：明、清兩代在老學的研究上，已不著力於老子思想的闡發。

傅　序

凡　例

第一章　緒　論 1

　　第一節　研究的動機與範疇 1

　　第二節　老子其人 2

　　第三節　老子其書 12

第二章　先秦兩漢之老子學 27

　　第一節　正文類 28

　　第二節　傳注類 30

　　第三節　通論類 35

　　第四節　專論類 38

　　第五節　校勘類 38

第三章　魏晉之老子學 41

　　第一節　正文類 42

　　第二節　傳注類 43

　　第三節　義疏類 52

　　第四節　音義類 53

　　第五節　通論類 54

　　第六節　專論類 58

第四章　南北朝（附隋）之老子學 61

　　第一節　傳注類 62

　　第二節　義疏類 66

　　第三節　音義類 69

　　第四節　通論類 70

　　第五節　專論類 71

　　第六節　劄記類 72

第五章　唐代（附五代）之老子學 73

　　第一節　正文類 76

　　第二節　傳注類 78

　　第三節　義疏類 85

　　第四節　音義類 90

　　第五節　通論類 90

　　第六節　專論類 93

　　第七節　劄記類 95

　　第八節　傳記類 95

目

錄

第九節　校勘類 …………………………………… 97
第十節　文粹類 …………………………………… 98
第六章　宋元明之老子學 ………………………… 99
第一節　正文類 …………………………………… 101
第二節　傳注類 …………………………………… 103
第三節　義疏類 …………………………………… 122
第四節　音義類 …………………………………… 124
第五節　通論類 …………………………………… 125
第六節　專論類 …………………………………… 127
第七節　劄記類 …………………………………… 128
第八節　考證類 …………………………………… 129
第九節　校勘類 …………………………………… 130
第十節　評註類 …………………………………… 131
第十一節　類釋類 ………………………………… 133
第十二節　讚頌類 ………………………………… 134
第十三節　目錄類 ………………………………… 135
第十四節　文粹類 ………………………………… 135
第七章　清代之老子學 …………………………… 137
第一節　傳注類 …………………………………… 139
第二節　義疏類 …………………………………… 144
第三節　音義類 …………………………………… 144
第四節　通論類 …………………………………… 146
第五節　劄記類 …………………………………… 146
第六節　考證類 …………………………………… 148
第七節　校勘類 …………………………………… 149
第八節　評註類 …………………………………… 151
第九節　文粹類 …………………………………… 151
第十節　輯佚類 …………………………………… 152
第八章　結　論 …………………………………… 153

附表一：歷代各類老學著作之存佚情形一覽表 …… 157
附表二：歷代各類老學著作統計總表 ……………… 159
附表三：各代各類老學著作平均每百年之著作量 …… 160
附表四：各代各類老學著作在當代總量中所佔之百分比例 161
索　引 ………………………………………………… 163

參考書目 ……………………………………………… 181

傅　序

　　老子，無疑是世界級的大思想家。他的智慧，是人類的共同財產。他的典籍，不僅大學國文系或中文系的學生要研究；而且只要是炎黃子孫，都應該讀；乃至全人類，都應該研讀。一九八六年，美國小說家米勒先生，曾評選古今中外十大作家，老子不但入選，而且置於十大作家之首。可見老子確然居於世界級的地位。須知，米勒先生是以文學的角度來評選的，而《老子》五千言的主要屬性，不在文學，而在哲學。這又可見老子在世界文化史上之殊勝地位。

　　由於《老子》五千言爲人人所必讀，其內容書寫又屬於經文式的文辭，言簡意賅，觀念豐富，讀者由經文而引發的想像和見解，層出不窮，所以古今注老解老之作，如上苑花開，千枝競秀。復由於老子所言，有天道，有人事，有政治，有軍事，有道德，有生命，凡宇宙人生之事，幾於無所不包。後之學者，依其性之所近或個人所好，往往各引一端，各敘所得，而各成一書，二千餘年來，凡千有餘種。遂使老子之學術，有種種之流別。縱目觀之，使人眼花撩亂。

　　前輩治學，多從目錄學下手，要研究老子，也當不能例外。所謂目錄學，不是如今圖書館之編排目錄而已。西漢之劉向、劉歆父子，將天下所獻圖書去其重複，加以校勘。復將單篇流傳、零亂錯置之簡牘，重加編輯，使前賢散亂之篇章，整合歸併，而爲專集。所以本師楊家駱先生曾說，凡今所見西漢以前典籍，都應稱爲「劉向所輯某書」。劉歆則將其父所輯所校之書分爲六略，每略復依流派而各敘其源流及所長所短。這些敘論文章合爲一輯，稱爲〈輯略〉，合共七略。班固根據《七略》作成《漢書‧藝文志》，而將〈輯略〉割置六略之中。學者只消打開《漢書‧藝文志》，則西漢以前之學術派別與源流始末一目了然。所謂目錄學，原是像這樣「辨章學術，考鏡源流」的學問，非學殖深厚、博通古今的學者是難竟其功的。前賢治學，莫不先從目錄學下手，原因在此。

　　老子學之著作，積累既多，初學入門，不免望洋興歎。而至目前爲止，尚無老子學「考鏡源流」之作，予留心於此者久矣。友生戴美芝就讀國立臺灣師範大

學國文研究所碩士班,從予治「中國哲學專題研究」,於老子學說,頗有會心,予因以此意告之,而正合其意。遂以二稔之時間完成《老子學考》,都十餘萬言,於老子其人其書俱有所考,而於老子學之流派及本末,敘論甚詳,雖非盡善盡美之作,要有功於老子學之耙梳,有助於治老子者之檢索,則可謂云爾已矣。

民國九十四年歲在乙酉、十二月十八日
傅武光序於國立臺灣師大國文系

凡　例

一、本論文收錄先秦迄清亡止，中國有關研究《老子》之論著，但若其書名顯見是爲
　　道教養生、神話或方術而作，則不在本論文收錄之範圍內。

二、本論文所收書目以歷代史志、後人補志爲主，旁及私家書錄、圖書館目錄以及古
　　人集解所引。

三、本論文以時代爲經，類別爲緯。同一類之著作，依時代先後爲序。

四、本論文之分類計有正文、傳注、音義、通論、專論、箚記、傳記、考證、校勘、
　　評註、類釋、讚頌、目錄、文粹、輯佚等十五類。

五、每一收錄書目，著錄下列各項：

　　（一）書名：採用最常見之書名，否則採最早被著錄之書名。

　　（二）卷數：採用最常見之卷數，否則採最早被著錄之卷數。原資料無記載卷數
　　　　　　　　者云「不著卷數」。

　　（三）存佚情形：分「存」、「殘存」、「佚」三種。「存」者，今猶有傳本者也；「殘
　　　　　　　　存」者，雖有傳本而不全者也；「佚」者，今已不見傳本者也。若「殘
　　　　　　　　存」或「佚」而另有輯本者，則在「案」下補充說明之。

　　（四）朝代：以成書之年代論定。若不詳成書年代，則略而不註，另於「案」下
　　　　　　　　補充說明之。

　　（五）作者：以採本名爲原則。若不詳作者本名，且各資料所載之名略有出入
　　　　　　　　時，則採最早被著錄之名。原資料無作者姓名者云「不著撰人」。

　　（六）著錄：註明資料之出處，其出處並以時代先後次序排列。若資料所載之書
　　　　　　　　名、卷數、作者姓名有所出入，則以括弧註明於後。例如：

　　　　《老子序決》，一卷。佚。魏，葛仙公撰。

　　　　　著錄：《隋書・經籍志》。

　　　　　　　　侯康《補三國藝文志》（《老子道德經序訣》二卷，葛僊公）、秦榮光《補晉書
　　　　　　　　藝文志》（《老子序次》）。

　　　此例之書名、卷數、撰者姓名均採《隋書・經籍志》之著錄。侯康《補三國藝
　　　文志》所著錄之書名、卷數異於《隋書・經籍志》之著錄，而秦榮光《補晉書
　　　藝文志》僅所著錄之書名異於《隋書・經籍志》之著錄，於此皆將相異之資料

以括弧註明於出處之後。

（七）傳本：著錄今傳之善本或讀者易取得之本。

（八）案：對資料有所補充說明。但對於有爭議性的議題，只就目前學界的研究
　　　　成果加以整理，並不敢妄下定論。

六、本論文之紀年以西曆爲準，若民國之年，則冠以「民國」二字。例如「二〇年代」
　　所指的是西元 1920 至 1929 年。

七、書末載參考書目，其作者上冠以朝代，且其朝代依成書年代論定，但民國以後論
　　著則不著朝代。

第一章　緒　論

第一節　研究的動機與範疇

　　歷來學者對於老子學史的研究，大多只是重點論述，欠缺較爲全面性的統計研究。要作完全通盤的統計研究，有其實質上的困難。但相信從一個適當的取樣範圍所得到的研究結果，應與通盤考查所得到的結果相去不遠。本論文先蒐集官方史志及私家書目所著錄之老學相關著作，而後加以分類考查，再由各類的輕重比例與在各代的興衰，以觀二千多年來老學研究重心的移轉。

　　就分類而言，蕭天石將歷代之注老者，大略分別爲演化、玄學、儒林、御注、道教、丹道、佛學、集解、校勘〔註1〕，以及經解、書志、音義等多種派別〔註2〕。但本論文則按其形式分爲正文、傳注、音義、通論、專論、箚記、傳記、考證、校勘、評註、類釋、讚頌、目錄、文粹、輯佚等十五類。

　　就考查而言，本論文對於較爲重要的著作，略附學者之考證於其後，而對於有爭議性的議題，只就目前學界的研究成果加以整理，未遽下定論。

　　就搜羅而言，有關《老子》之專著書錄，自劉歆《七略》到各代之《藝文志》、《經籍志》等均有著錄，又其他多種藏書書目與讀書志亦代有輯錄〔註3〕。近人王

〔註1〕參見蕭天石：《道德經名注選輯七・序》（臺北：中國子學名著集成編印基金會，《中國子學名著集成》第52）。
〔註2〕黃公偉在《道家哲學系統探微》一書中提及經解、書志、音義等派別，乃是按蕭天石的分類方式。（黃公偉：《道家哲學系統探微》（臺北：新文豐出版公司，1981年），頁90。）
〔註3〕如《崇文總目》、鄭樵《通志・藝文略》、高似孫《子略》、晁公武《郡齋讀書志》、陳振孫《書錄解題》、王應麟《困學紀聞》、尤袤《遂初堂書目》、焦竑《國史經籍志》、

有三著《老子考》〔註4〕，所收老子註疏書達二百餘種，而嚴靈峰著《中外老子著述目錄》〔註5〕、《老列莊子三子知見書目》〔註6〕及《周秦漢魏諸子知見書目》〔註7〕等則已收一千六百餘種之多。雖然嚴靈峰自謙其廣事搜羅而失之於蕪〔註8〕，而且遺佚在所難免〔註9〕，但對後學研究而言卻有莫大的助益。至於考查一書之存佚本非易事，礙於時限與人力，本論文僅就一適當的範圍加以考查研究，例如許多地方通志只好闕而不論〔註10〕。

　　本論文搜羅先秦至清代之老學相關著作，但若其書顯爲道教養生、神話或方術之作，則不在本論文搜羅之範圍內。

第二節　老子其人

一、文獻中的「老子」

　　關於老子其人，司馬遷在《史記・老莊申韓列傳》裡記載了三種看法：其一，老子即是老聃，是孔子的老師；其二，老子是孔子死後 129 年的太史儋；其三，老子是老萊子，與孔子同一時代的人。由於《史記》的記載，此後，人們對老子這個人的存在便有了不同的看法。

　　司馬遷《史記・老莊申韓列傳》云：

　　　　老子者，楚苦縣厲鄉曲仁里人也，姓李氏，名耳，字聃，周守藏室之

白雲霽《道藏目錄詳註》、紀昀《四庫全書總目》、羅振玉《續彙刻書目》等。

〔註4〕台北：東昇出版事業有限公司，1981 年初版。

〔註5〕台北：中華叢書委員會，1957 年初版。

〔註6〕台北：中華叢書委員會，1965 年初版。

〔註7〕台北：正中書局，1972 年卷一初版，1975 年卷二初版，1977 年卷三、卷四初版，1978 年卷五初版，1979 年卷六初版。

〔註8〕嚴靈峰之收錄，將序、跋、題記、雜說、論文、史傳、頌讚、譯述等，概予列入，祇事搜羅，無所鑒別去取，故其序亦云：「不免有蕪濫之病」。

〔註9〕如道家丹鼎派之名著書目，則遺佚在所難免。此因丹家之書，莫不共認爲「千古不傳秘典」，歷來均不肯輕易示人，而其訣法則尤須嚴守師門誓約，洩之者，將遭天譴神罰。故凡以丹法註老子者，世之學人士子，非門下人，難得一窺竟究。（參見蕭天石：《道德經名注選輯四・序》（臺北：中國子學名著集成編印基金會，《中國子學名著集成》第 49）。）

〔註10〕例如《四川通志・經籍志》、《福建通志・經籍志》、《浙江通志・經籍志》、《山西通志・經籍志》、《山東通志・藝文志》、《湖南通志・藝文志》、《廣東通志・藝文志》、《江西通志・藝文略》等。

史也。孔子適周，將問禮於老子。老子曰：「子所言者，其人與骨皆已朽矣，獨其言在耳。且君子得其時則駕，不得其時則蓬累而行。吾聞之，良賈深藏若虛，君子盛德容貌若愚。去子之驕氣與多欲，態色與淫志，是皆無益於子之身。吾所以告子，若是而已。」孔子去，謂弟子曰：「鳥，吾知其能飛；魚，吾知其能游；獸，吾知其能走。走者可以爲罔，游者可以爲綸，飛者可以爲矰。至於龍，吾不能知其乘風雲而上天。吾今日見老子，其猶龍邪！」老子脩道德，其學以自隱無名爲務。居周久之，見周之衰，乃遂去。至關，關令尹喜曰：「子將隱矣，彊爲我著書。」於是老子乃著書上下篇，言道德之意五千餘言而去，莫知其所終。或曰：老萊子亦楚人也，著書十五篇，言道家之用，與孔子同時云。蓋老子百有六十餘歲，或言二百餘歲，以其脩道而養壽也。自孔子死之後百二十九年，而史記周太史儋見秦獻公曰：「始秦與周合，合五百歲而離，離七十歲而霸王者出焉。」或曰儋即老子，或曰非也，世莫知其然否。老子，隱君子也。老子之子名宗，宗爲魏將，封於段干。宗子注，注子宮，宮玄孫假，假仕於漢孝文帝。而假之子解爲膠西王卬太傅，因家于齊焉。世之學老子者則絀儒學，儒學亦絀老子。「道不同不相爲謀」，豈謂是邪？李耳無爲自化，清靜自正。

先秦文獻中關於老子的記載，主要是《莊子》、《韓非子》和《禮記‧曾子問》。老子和孔子都是莊子所說的「耆艾」，《莊子》書中稱引孔子者有四十二處，稱引老子者有十九處，沒有其他人有如此之多。可見莊子所稱引的耆艾，以孔子與老子爲最多。再次，《莊子》書中講到孔子與老子有過接觸的記載有八次之多，分別在內篇和外篇之中，都是關於孔子向老子問道、問禮，以及孔子見老子而語仁義的事。唐蘭曾對《莊子》中顯然說到老聃和老子的十六處進行了考證，辨別了《莊子》原文的「眞僞」，指出有些文字可能是莊子後學所作，但結論是：「（子）老聃和老子是一人。（丑）老聃較在孔子前。……」〔註11〕。

　　就《漢書‧藝文志》所載，春秋之時已有文子〔註12〕、蜎子〔註13〕、關尹子〔註14〕等人傳老子之學。《莊子》的〈庚桑楚〉、〈則陽〉、〈寓言〉等篇中，也記有老子的弟子，如〈庚桑楚〉記載說：「老聃之役，有庚桑楚者，偏得老聃之道，……」。

〔註11〕參見唐蘭：《老聃的姓名和時代考》（載於《古史辨》第四冊（上海：上海古籍出版社，1982年重印本）。）。
〔註12〕《漢書‧藝文志》：「文子九篇。老子弟子，與孔子並時，而稱周平王問，似依託者也。」
〔註13〕《漢書‧藝文志》：「蜎子十三篇。名淵，楚人，老子弟子。」
〔註14〕《漢書‧藝文志》：「關尹子九篇。名喜，爲關吏，老子過關，喜去吏而從之。」

問學於老子的人，除了孔子之外，《莊子‧在宥》尚載有「崔瞿問於老聃」的事，老聃所言與《老子》思想一致，而《莊子‧天道》亦記載士成綺慕名問學於老子的事。

《史記‧老莊申韓列傳》記載「周太史儋見秦獻公⋯⋯或曰儋即老子，或曰非也」，周太史儋是否即爲老子？《漢書‧郊祀志》記載：「周太史儋見秦獻公曰：『周始與秦國合而別，別五百載當復合，合七十年而伯王出焉。』」於「太史儋」處，孟康注曰：「太史儋謂老子也。」而顏師古卻注曰：「此亦周之太史名，非必老聃。老聃非秦獻公時。」

《史記‧老莊申韓列傳》記載「孔子適周，將問禮於老子」，但在孔子成爲儒家的教主之後，「衛道」者難免想要否認，可以見到的比較早的材料，是唐代韓愈的〈原道〉〔註15〕。到了宋代，有人進一步提出疑問，如葉適在《習學記言》中就說：「孔子贊其（指老子）爲龍，則是爲黃老學者，借孔子以重其師之辭也」，並斷言「教孔子者必非著書之老子，而爲此書者，必非孔家所謂老聃，妄人訛而合之爾」。實際上其所謂「必」，並無可靠證據。清代考據之風盛行，對老子其人其書也多作研究。尤以畢沅、汪中、崔述等人，提出了不少問題進行考證〔註16〕。

二、《史記‧老莊申韓列傳》中有關老子傳記的可信度

唐蘭作〈老子時代新考〉〔註17〕時，肯定「司馬遷是深信老子和孔子同時的」，但又說：「司馬遷天生是一個文章家，⋯⋯而沒有想做信史。他喜歡網羅舊聞而不擅於考訂，所以《史記》裡的記事十之二三是不可盡信的。」但司馬遷的「實錄」精神是不可否認的，正如班固在寫《漢書‧司馬遷傳》時所說：「自劉向、揚雄博極群書，皆稱遷有良史之材，服其善序事理，辨而不華，質而不俚，其文直，其事核，不虛美，不隱惡，故謂之實錄。」

從《史記》記載看，老子的情況在司馬遷時，有一些已經是傳說了，而且還有一些不同的傳說。但司馬遷畢竟是歷史學家，而且有了一套考據歷史文獻的原則和方法。首先，他對老子的身世和主要事跡有簡單明確的記述，毫不含糊。他無疑是從一些不同的傳說中進行考證。在《史記‧仲尼弟子列傳》中就明確指出，「孔子之所嚴事」者不止一人〔註18〕，「於周則老子」，「於楚，老萊子」等等。至於「孔子

〔註15〕韓愈〈原道〉云：「老者曰：『孔子，吾師之弟子也。』爲孔子者，習聞其說，樂其誕而自小也。亦曰：『吾師亦嘗師之』云爾。」

〔註16〕參見熊鐵基、馬良懷、劉韶軍：《中國老學史》（福州：福建人民出版社，1995年），頁2。

〔註17〕載於《古史辨》第六冊（上海：上海古籍出版社，1982年重印本）。

〔註18〕《史記‧仲尼弟子列傳》：「孔子之所嚴事：於周則老子；於衛，蘧伯玉；於齊，晏

死之後百二十九年」的太史儋，「或曰儋即老子，或曰非也」。在當時「世莫知其然否」，司馬遷只好存疑地記載下來〔註19〕。因此，司馬遷所寫的〈老子傳〉，既有考據結論，又有存疑的記載，實事求是，是可信的。

對於司馬遷存疑的記載，楊家駱先生考證甚詳，其結論云：

> ……聃再順黃河南下至晉桃林塞（今河南、陝西交界處之潼關），守塞令關尹學與聃近，強其著書。……時有老萊子者，爲孔子所稱，見聃所作，別著書十五篇言其用（有馬國翰輯本）。……及漢武帝時方士李少君輩，以安期生仙者之說熒惑世主。安期生爲聃數傳弟子，少君輩因復造秦獻公十一年以預言說獻公之周太史儋即老子之說。司馬遷《史記·老子傳》原爲未定稿，於此說雖不敢盡信，然亦不能闢其非，於是全文多游移難定之辭，後之疑老者，遂援之以爲據云〔註20〕。

三、「孔子問禮於老子」考

孔子師事老子，或者說孔子問禮於老子，這在《史記·老莊申韓列傳》、《史記·孔子世家》、《史記·仲尼弟子列傳》、《莊子》、高誘注《呂氏春秋·重言》、《韓詩外傳》、《禮記·曾子問》中均有記載。

《史記·老莊申韓列傳》記載「孔子適周，將問禮於老子」，《史記·孔子世家》記載孔子適周問禮於老子〔註21〕，而《史記·仲尼弟子列傳》則云：「孔子之所嚴事：於周則老子；於衛，蘧伯玉；於齊，晏平仲；於楚，老萊子；於鄭，子產；於魯，孟公綽。」《莊子》書中講到孔子與老子有過接觸的記載有八次之多。《莊子·知北遊》記載孔子向老子問道〔註22〕，《莊子·天運》則記載孔子見老聃而語仁義〔註

平仲；於楚，老萊子；於鄭，子產；於魯，孟公綽。」
〔註19〕參見熊鐵基、馬良懷、劉韶軍：《中國老學史》（福州：福建人民出版社，1995年），頁9。
〔註20〕見楊家駱：《老子新考述略·老子新傳》寫於1949年（載於楊家駱主編：《諸子集成》第一集第二冊，臺北市：世界書局，1956年）。
〔註21〕《史記·孔子世家》：
　　魯南宮敬叔言魯君曰：「請與孔子適周。」魯君與之一乘車，兩馬，一豎子俱，適周問禮，蓋見老子云。辭去，而老子送之曰：「吾聞富貴者送人以財，仁人者送人以言。吾不能富貴，竊仁人之號，送子以言，曰：『聰明深察而近於死者，好議人者也。博辯廣大危其身者，發人之惡者也。爲人子者毋以有己，爲人臣者毋以有己。』」孔子自周反于魯，弟子稍益進焉。
〔註22〕《莊子·知北遊》：
　　孔子問於老聃曰：「今日晏閒，敢問至道。」老聃曰：「汝齊戒，疏瀹而心，澡雪而精神，掊擊而知！夫道，窅然難言哉！將爲汝言其崖略。夫昭昭生於冥冥，有

23〕。而高誘注《呂氏春秋‧重言》時亦寫道:「老耽學於無爲而貴道德,周史伯陽也,三川竭,知周將亡,孔子師之也。」

《韓詩外傳》卷五中記載了一段哀公與子夏的對話,其中子夏曾說到「仲尼學乎老耽」〔註24〕,而劉向在《新序》中也引用了這條記載〔註25〕。這「仲尼〔註26〕學乎老耽」,出自儒者之口,見於儒家的著作,應該是相當慎重的。《韓詩外傳》作者是西漢初傳詩的一位儒者,劉向也是屬於儒家的。如果《韓詩外傳》的記載可靠,那麼就可以說,漢代及其以前的儒者是承認孔子向老子學習過的。

另一儒家經籍記載了孔子和老子講禮的一些具體內容,那就是《禮記‧曾子問》,其中有四節記敘孔子引老耽的話:

1. 曾子問曰:「古者師行,必以遷廟主行乎?」孔子曰:「天子巡守,以遷廟主行。……吾聞諸老耽曰:『天子崩,國君薨,則祝取群廟之主而藏諸祖廟,禮也。……』」〔註27〕

倫生於無形,精神生於道,形本生於精,而萬物以形相生,故九竅者胎生,八竅者卵生。其來無跡,其往無崖,無門無房,四達之皇皇也。邀於此者,四肢彊,思慮恂達,耳目聰明,其用心不勞,其應物無方。天不得不高,地不得不廣,日月不得不行,萬物不得不昌,此其道與!且夫博之不必知,辯之不必慧,聖人以斷之矣。若夫益之而不加益,損之而不加損者,聖人之所保也。淵淵乎其若海,魏魏乎其終則復始也,運量萬物而不匱。則君子之道,彼其外與!萬物皆往資焉而不匱,此其道與!」

〔註23〕《莊子‧天運》:

孔子見老耽而語仁義。老耽曰:「夫播糠眯目,則天地四方易位矣;蚊虻噆膚,則通昔不寐矣。夫仁義憯然乃憤吾心,亂莫大焉。吾子使天下無失其朴,吾子亦放風而動,總德而立矣,又奚傑然若負建鼓而求亡子者邪?夫鵠不日浴而白,烏不日黔而黑。黑白之朴,不足以爲辯;名譽之觀,不足以爲廣。泉涸,魚相與處於陸,相呴以溼,相濡以沫,不若相忘於江湖!」

〔註24〕《韓詩外傳》卷五記載:

哀公問於子夏曰:「必學然後可以安國保民乎?」子夏曰:「不學而能安國保民者,未之有也。」哀公曰:「然則五帝有師乎?」子夏曰:「臣聞黃帝學乎大墳,顓頊學乎綠圖,……文王學乎成錫疇子斯,武王學乎太公,周公學乎虢叔,仲尼學乎老耽。此十一聖人,未遭此師,則功業不能著乎天下,名號不能傳乎後世者也。」

〔註25〕堯、舜以前的人物,傳說不一。劉向在《新序》中引用時,「大墳」作「大眞」,「綠圖」作「祿圖」。

〔註26〕子夏是孔子的弟子,口中之所以稱「仲尼」,是因爲對象是哀公,他不好在哀公面前稱「夫子」。(見熊鐵基、馬良懷、劉韶軍:《中國老學史》(福州:福建人民出版社,1995年),頁13。)

〔註27〕全文爲:

曾子問曰:「古者師行,必以遷廟主行乎?」孔子曰:「天子巡守,以遷廟主行。載於齊車,言必有尊也。今也,取七廟之主以行,則失之矣。當七廟、五廟無虛主,虛主者,唯天子崩、諸侯薨,與去其國,與祫祭於祖,爲無主耳。吾聞諸老耽曰:『天

2. 曾子問曰：「葬引至于堩，日有食之，則有變乎，且不乎？」孔子曰：「昔者吾從老聃助葬於巷黨，及堩，日有食之。老聃曰：『丘，止柩就道右，止哭以聽變。』……吾聞諸老聃云。」〔註28〕

3. 曾子問曰：「下殤土周葬于園，……則其葬也如之何？」孔子曰：「吾聞諸老聃曰：……下殤用棺衣棺，自史佚始也。」〔註29〕

4. 子夏問曰：「三年之喪卒哭，金革之事無辟也者。禮與？初有司與？」……孔子曰：「吾聞諸老聃曰：『昔者魯公伯禽，有爲爲之也。』今以三年之喪，從其利者，吾弗知也。」〔註30〕

在這裡所引《禮記・曾子問》的第二條記載裡，孔子「從老聃助葬於巷黨」，以及老聃直呼其名爲「丘」，說明他們有一段時間來往親密，老子對孔子完全是老師命令學生的態度〔註31〕。

楊家駱先生結合史事考證並結論云：

魯定公五年（前505），孔子（是年四十七歲）將適周觀藏書以徵禮。南宮敬叔（是年廿七歲）以擬從孔子適周，言於定公，定公以車馬暨子饋

子崩，國君薨，則祝取群廟之主而藏諸祖廟，禮也。卒哭成事，而后主各反其廟。君去其國，大宰取群廟之主以從，禮也。祫祭於祖，則祝迎四廟之主。主出廟入廟，必蹕。』」

〔註28〕全文爲：

曾子問曰：「葬引至于堩，日有食之，則有變乎，且不乎？」孔子曰：「昔者吾從老聃助葬於巷黨，及堩，日有食之。老聃曰：『丘，止柩就道右，止哭以聽變。』既明反而后行，曰：『禮也。』反葬而丘問之曰：『夫柩不可以反者也，日有食之，不知其已之遲數，則豈如行哉？』老聃曰：『諸侯朝天子，見日而行，逮日而舍奠。大夫使，見日而行，逮日而舍。夫柩不蚤出，不莫宿。見星而行者，唯罪人與奔父母之喪者乎？日有食之，安知其不見星也？且君子行禮，不以人之親痁患。』吾聞諸老聃云。」

〔註29〕全文爲：

曾子問曰：「下殤土周葬于園，送輿機而往，塗邇故也。今墓遠，則其葬也如之何？」孔子曰：「吾聞諸老聃曰：『昔者史佚有子而死，下殤也，墓遠。召公謂之曰：「何以不棺斂於宮中？」史佚曰：「吾敢乎哉？」召公言於周公，周公曰：「豈不可。」史佚行之。』下殤用棺衣棺，自史佚始也。」

〔註30〕全文爲：

子夏問曰：「三年之喪卒哭，金革之事無辟也者。禮與？初有司與？」孔子曰：「夏后氏三年之喪，既殯而致事，殷人既葬而致事。記曰：『君子不奪人之親，亦不可奪親也。』此之謂乎？」子夏曰：「金革之事無辟也者，非與？」孔子曰：「吾聞諸老聃曰：『昔者魯公伯禽，有爲爲之也。』今以三年之喪，從其利者，吾弗知也。」

〔註31〕參見熊鐵基、馬良懷、劉韶軍：《中國老學史》（福州：福建人民出版社，1995年），頁13。

其行。仲由（子路，是年卅八歲）以為不如先至沛求久掌周室藏書新免歸居之老聃（是年五十七歲）以為介。孔子從之，因偕仲由、南宮敬叔至沛見聃。聃自將去周時，思想轉變，始倡非禮之說，不允孔子之請。然聃之非禮，祇病其「以偽文不足」，而可為「亂之首」，居沛時凡以禮請指示之者，亦不違俗。孔子既不得觀周藏書之介，因從問禮。三月朔，從聃助葬，值日食，聃止柩止哭，孔子問其故，聃備告之。六月，魯陽虎囚季桓子，稍後，孔子返魯，而卒未適周。定公八（前502）年十月，陽虎欲去三桓，三桓攻虎，虎奔陽關叛。孔子（是年五十歲）自斥於齊返魯（孔子卅七歲時事）仍不見用，已十五年，適公山不狃自費召孔子，孔子擬往試，以仲由之諫未果行。明年（前501）初，陽虎亂益熾，孔子（是年五十一歲）偕顏回（子淵，是年廿一歲）端木賜（子貢，是年廿歲）等之沛再見聃（是年六十一歲），嘆道之不行，聃力規之。六月虎奔齊，孔子返魯：冬，仕魯為中都宰，嗣為司寇，自是弟子稍進益焉〔註32〕。

關於「孔子問禮於老子」一事，楊家駱先生考證甚詳。因此，古籍中有關孔子師從老子之記載，應非虛造。

四、近代對「老子」的考證

近代關於老子其人其書的問題，整體來看，大約有兩次的論辯高潮，一次是二、三○年代，另一次是五、六○年代。

從1919年到1936年，關於老子其人其書的問題，持續了十多年的論爭，評論的主要文章被匯集在當時出版的《古史辨》〔註33〕第四冊和第六冊中，共有三十五六萬字之多。羅根澤在該書第六冊的〈自序〉中，比較系統地記述了自西漢以後考據老子的一些主要情況，而對當時的討論記述得更為詳細，很有參考價值。歷代各家對老子這個「人」的認定，羅根澤歸納結論得：

1. 陳師道：老子在關、楊後，墨、荀間。
2. 葉　適：著書之老子，非孔子問禮之老子。
3. 宋佚名：同於葉適。
4. 吳子良：著書之老子，即孔子問禮之老子。
5. 畢　沅：孔子問禮之老子，即太史儋。

〔註32〕見楊家駱：《老子新考述略·老子新傳》寫於1949年（載於楊家駱主編：《諸子集成》第一集第二冊，臺北市：世界書局，1956年）。

〔註33〕《古史辨》（上海：上海古籍出版社，1982年重印本）。

6. 汪　中：老子即太史儋，在孔子後。

7. 崔　述：春秋時有老聃，但孔子並沒有向他問禮。

8. 牟廷相：老子在周稱伯陽父，在春秋稱老聃，至戰國稱太史儋。

9. 唐　蘭：老聃確長於孔子。

10. 劉澤民：教孔子者是老聃。

11. 錢　穆：孔子所見的老聃是老萊子，即荷篠丈人。

12. 黃方剛：老子長於孔子。

13. 馮友蘭：老聃與李耳非一人。

14. 張季同：老子有是太史儋的可能。

15. 顧頡剛：老聃是楊朱、宋鈃以後人。

16. 胡　適：孔子確曾向老子問禮。

17. 張季善：同於胡適。

18. 高　亨：同於胡適。

19. 葉　菁：同於胡適。

20. 郭沫若：老聃確是孔子之師。

21. 譚戒甫：孔子問禮之老子爲老萊子，即老彭。

22. 羅根澤：老聃即太史儋。

以上所列，見解雖多，但歸納起來，主要有二派不同意見：

第一派認爲老聃年歲略長於孔子，曾爲孔子師，主張此說的有胡適、唐蘭、郭沫若、高亨等人，他們都有專門的考證文章。呂振羽著《中國政治思想史》，也持此種主張。

第二派意見認爲老聃在孔子後，所謂老子曾爲孔子師是莊子的杜撰，以馮友蘭、錢穆等爲代表。

時至 1949 年，論辯老子其人其書之文，見於《古史辨》者二十九篇，散見他書及雜誌而爲《古史辨》未及收錄者至少二十四篇，是時當以楊家駱先生之考證最詳且較爲可信。楊家駱先生並就其考辨所得之結論，寫成《老子新考述略》〔註34〕。

〔註34〕楊家駱《老子新考述略·敘》云：
　　　駱囊著《中國學術編年史》積時廿載，自漢迄清成初稿千餘卷。其不託始先秦，以史事繫年無定說也。及與鄭相衡共治先秦古籍，以相衡之勇猛精進，駱欲自息而無所逃，乃始擬別著《先秦學術編年史考辨》，以補中國學術編年史稿之不完。其關於老子者，成稿四帙：《先秦老學文獻考》凡六卷，六十一篇，十二萬餘言。第四次稿成於今歲七月九日，適爲李瑞林博士與相衡婚禮之期，因舉以爲祝。後駱復以考

楊家駱先生考辨結論云：

老子（前561至前467）姓老、名聃、字陽子。西漢之初，老轉爲李，其家譜追名爲耳，以聃爲字。後神仙家又妄改字陽子爲伯陽，而以聃爲謚。聃生於相（故地在今河南鹿邑縣東十五里）之賴鄉、曲仁里，相時屬陳。聃二十八歲楚滅陳，相入於楚。三十三歲陳復國，八十四歲楚再滅陳，改相爲苦。故聃之籍貫，從其生時言，爲陳之相人；從其出遊時言，爲楚之相人；從其卒時言，爲楚之苦人。一生居於相者廿七年（一至廿七歲）。自相移沛（故地在今江蘇徐州）後出遊仕周，其間居於周（今河南）者廿八年（廿八至五十五歲）。自周免歸居沛，至去秦（今陝西），其間居於沛者十四年（五十六至六十九歲）。隱於秦以至卒，其間居於秦者廿六年（七十至九十五歲）。

……聃自四十六歲爲周史，掌徵藏，遂得博覽典籍，深明周禮。……聃目擊周室骨肉相殘之酷，深嘆「六親不和有孝慈，國家昏亂有忠臣」，以爲周從此衰。況以遠人仕周，於是求免歸沛。其爲周史掌徵藏，至是約十一年矣。……

魯定公五年（前505），孔子（是年四十七歲）將適周觀藏書以徵禮。……孔子返魯：冬，仕魯爲中都宰，嗣爲司寇，自是弟子稍進益焉。

至沛見聃可考者尚有无趾（前540至前480）、楊朱（前521至前442）。无趾初見孔子於魯，後之沛論孔子於聃，其時在老孔第一次晤見前。楊朱（初見聃時廿五歲，聃六十五歲）師聃，在老孔第二次晤見後五年。又五年，聃（七十歲）覺秦可久隱，由沛經鄭經周，西渡黃河，過召（故地在今河南垣曲縣附近）出周境，遵陸路而西，復渡黃河至西岸抵梁（今河南、陝西交界之韓城附近）。時楊朱（是年三十歲）再至沛見聃，聃已行，跡

辨之結論，成《老子年譜》二卷：上卷就所定聃在世年代以爲譜：下卷起聃卒之次年，迄戰國之末世，凡老學有關之人之事，皆繫年而錄之。撰文獻考前，嘗讀諸家論著，別寫定《老子書目》一卷，著錄老子注存佚約五百家；《疑老文獻辨正》二卷：上卷輯北魏迄清諸說十九篇，下卷爲今人論文五十三篇之提要；凡所舉七十二篇，逐篇辨正，以明其得失之所在。駱所持論，皆反覆尋繹，四易其稿而始定，不敢謂老子問題即獲解決，然所考辨者十之八九爲他人所未嘗言。上舉治老諸稿，徒以今日出版之艱，不能即付剞劂，就正邦彥，爲初讀老子書者計，駱謹就考辨所得之結論別撰〈老子新傳〉、〈先秦老學文獻〉及〈老子書傳本源流新說〉各一卷，合爲斯帙，雖不能詳，然大端亦可見已。

（《老子新考述略》寫於1949年，載於楊家駱主編：《諸子集成》第一集第二冊，臺北市：世界書局，1956年。）

之至梁，聃教之，楊朱思想因以轉變，其「爲我」學說之立，即在此次思想轉變以後。聃再順黃河南下至晉桃林塞（今河南、陝西交界處之潼關），守塞令關尹學與聃近，強其著書。聃因雜錄平日思想之結論爲上下篇，言道德之意，凡五千餘言。書中「大白若辱，盛德若不足」，即在梁以語楊朱者。後關尹因亦著書九篇（今行者僞書，駱別有輯本）。時有老萊子（前556至前460）者，爲孔子所稱，見聃所作，別著書十五篇言其用（有馬國翰輯本）。

秦自德公徙首邑於雍（故地在今陝西鳳翔附近），後獻公始遷櫟陽（故地在今陝西三原富平間）。聃去秦時秦首邑仍在雍，然聃爲久隱至秦，不必止於雍也。居秦二十六年（是年九十五歲）卒。秦失（前500至前435）弔之，出謂弟子曰：「有老者哭之，如哭其子；少者哭之，如哭其母。」聃隱秦得人敬愛如此！時孔子先卒已十二年矣。

聃後裔宗（一作崇，前326至前252），爲魏將，封於段干，世稱段干崇。於聃卒後一百九十五年（前272）請魏割地以和秦。宗子注，注子宮，宮玄孫假，嘗仕於漢文帝。假子解爲漢膠西王卬太傅，因家於齊。及漢武帝時方士李少君輩，以安期生仙者之說熒惑世主。安期生爲聃數傳弟子，少君輩因復造秦獻公十一年以預言說獻公之周太史儋即老子之說。司馬遷《史記‧老子傳》原爲未定稿，於此說雖不敢盡信，然亦不能闢其非，於是全文多游移難定之辭，後之疑老者，遂援之以爲據云。〔註35〕

其後，到了五、六〇年代，中國學術界又掀起了一股討論老子哲學思想的熱潮。根據不完全的統計，當時各報刊發表了近百篇研究老子的論文，對老子其人、《老子》書以及老子哲學的性質等問題展開了一系列廣泛而深入的討論。對老子這個「人」的認定，多數意見認爲，在春秋末期比孔子稍早或同時，有老子其人，理由是：在先秦的許多典籍如《荀子》、《韓非子》、《呂氏春秋》及《墨子》佚文之中，都描繪了一個思想面貌大致相同的老子。因而對於老聃的存在，是不應該有所懷疑的。雖然對於「老子其人」學者們多數的看法相同，但對於「老子其書」學者們的看法卻是分歧很大。關於「老子其書」看法的分歧，將於下一個章節探討。

綜合各學者之論，老子其人應如楊家駱先生之考證所得：老子姓老名聃，西漢初，老轉爲李，其家譜追名爲耳，以聃爲字。曾爲周史掌徵藏約十一年。稍長於孔子，孔子曾至沛問禮於老子。至沛見聃可考者尚有无趾、楊朱。聃七十歲，覺秦可

〔註35〕見楊家駱：《老子新考述略‧老子新傳》寫於1949年（載於楊家駱主編：《諸子集成》第一集第二冊，臺北市：世界書局，1956年）。

久隱，出周境，至晉桃林塞，守塞令關尹強其著書。聃言道德之意，凡五千餘言。其後隱於秦以至卒。

第三節　老子其書

一、文獻中的《老子》

　　對於老子著書一事，可見於《史記・老莊申韓列傳》〔註36〕以及《漢書・揚雄傳》〔註37〕。而先秦諸子引老子書中文字者，計有：

1. 《莊子》引《老子》文，不標明「老子曰」者，自〈胠篋篇〉「魚不可脫於淵，國之利器不可以示人」以下，共十四處。不標明「老子曰」而用引辭「故曰」者，自〈胠篋篇〉「大巧若拙」以下共三處。明引「老聃曰」或「老子曰」者，共五處。

2. 《韓非子》之〈解老〉引《老子》文者，共七十五處；〈喻老〉，共三十三處。又標明「老子曰」或「老聃曰」者，共十二處。

3. 《荀子》於〈不苟篇〉引《老子》文「廉而不劌」〔註38〕，另於〈天論篇〉評論老子曰：「老子有見於詘，無見於信。」

4. 《尹文子・大道篇》：「老子曰：『道者，萬物之奧，善人之寶，不善人之所寶』」，又「老子曰：『民不畏死，奈何以死懼之。』」

5. 劉向《說苑・敬慎篇》引叔向曰：「老聃有言：『天下之至柔，馳騁天下之至堅。』」又曰：「人之生也柔弱，其死也堅強；萬物草木之生也柔脆，其死也枯槁。」

6. 《戰國策・魏策》：「魏惠王曰：『故老子曰：「聖人無積，盡以爲人己愈有，既以與人己愈多。」』」

7. 《戰國策・齊策》：「顏斶曰：『老子曰：「雖貴必以賤爲本，雖高必以下爲基；是以侯王稱孤、寡、不穀，是其賤之本歟非？」』」

〔註36〕《史記・老莊申韓列傳》：「於是老子乃著書上下篇，言道德之意五千餘言而去，莫知其所終。」
〔註37〕《漢書・揚雄傳》：「老子著虛無之言兩篇。」
〔註38〕《老子》第58章云：「是以聖人方而不割，廉而不劌，直而不肆，光而不燿。」

二、近代對《老子》的考證

　　近代學者對於《老子》之作者與年代的認定，羅根澤在《古史辨》第六冊的〈自序〉中歸納結論得：

 1. 葉　適：著書之老子，非孔子問禮之老子。
 2. 宋佚名：同於葉適。
 3. 黃　震：《老子》書作於隱士嫉亂世而思無事者。
 4. 吳子良：著書之老子，即孔子問禮之老子。
 5. 崔　述：《老子》書是楊朱之徒的偽託。
 6. 牟廷相：老子在周稱伯陽父，在春秋稱老聃，至戰國稱太史儋，《老子》書作於戰國。
 7. 康有爲：《老子》書在孔子後。
 8. 梁啓超：《老子》書作於戰國之末。
 9. 張怡蓀（煦）：《老子》書有產於戰國嫌疑。
10. 唐　蘭：《老子》書是老聃的遺言，撰成在墨、孟撰成的時期。
11. 劉澤民：教孔子者是老聃，輯老聃格言爲《老子》書者，是李耳。
12. 張仁父：《老子》著作時代在孟子前後。
13. 錢　穆：《老子》成書於宋鈃、公孫龍同時或稍後，作者大概是詹何。
14. 張西堂：《老子》書成於莊子內篇後。
15. 黃方剛：老子長於孔子，《老子》書成於孔子之時。
16. 馮友蘭：《老子》書在孔、墨、孟之後。認爲孔子以前，無私人著述之事。
17. 張季同：《老子》書是戰國初期的產品，老子思想在孔、墨之後，楊朱、慎到、申不害、孟子、莊子之前。
18. 顧頡剛：《老子》書成於《呂氏春秋》與《淮南子》之間。
19. 胡　適：孔子確曾向老子問禮，《老子》書確是老子所作。
20. 張季善：同於胡適。
21. 高　亨：同於胡適。
22. 葉　青：同於胡適。
23. 馬敍倫（夷初）：《老子》非戰國後期作品。
24. 郭沫若：《老子》書是關尹即環淵所記老聃的語錄。
25. 譚戒甫：孔子問禮之老子爲老萊子，即老彭。著書之老子爲老聃，即太史儋。
26. 羅根澤：老聃即太史儋，《老子》書即太史儋所著。

以上所列，歸納起來，主要有五派不同意見：

第一派認爲《老子》一書確是老子所作，但不排除後人進行過加工和增添內容，以胡適爲代表。

第二派認爲《老子》一書是老聃遺說的發揮，由後來的學者集撰而成（如太史儋、環淵、楊朱等），以唐蘭、郭沫若爲代表。

第三派認爲老子是戰國時代的人，而《老子》一書也是戰國時代的書，或說戰國末，或說戰國初。這一派主張是從清代開始的，而梁啓超在 1922 年寫了一篇〈論老子書作於戰國之末〉〔註39〕一文，提出六個「可疑」，更引起了進一步的討論。此派以梁啓超、馮友蘭爲代表。此外，范文瀾的《中國通史》和侯外廬等的《中國思想通史》也都持此說〔註40〕。

第四派認爲《老子》書爲後人僞託老子所作，《老子》較《莊子》晚出，成書當在戰國晚期。此派以錢穆爲代表。

第五派認爲《老子》成書在秦漢之際。此派以顧頡剛爲代表。

而楊家駱先生《老子新考述略》考辨認爲《老子》確實爲早於孔子之老聃所作〔註41〕。

五、六〇年代的老子大討論，雖然對於「老子其人」學者們多數的看法相同，但對於「老子其書」學者們卻是觀點鮮明，分歧很大。在漢墓帛書本《老子》尚未出土之前，因爲在考據方面無法有重大的突破，所以關於《老子》書的討論，大抵仍是延續了《古史辨》以來的方式，同樣存在幾種不同的觀點：

第一種觀點以錢穆爲代表。錢穆延續了《古史辨》以來的看法，認爲孔子所見的老聃是老萊子，即荷篠丈人；《老子》書爲後人僞託老子所作，《老子》較《莊子》晚出，成書當在戰國晚期。錢穆以古代學術思想之系統著眼，認爲：莊、惠兩家，皆言萬物一體，莊子本於「道」以爲說，惠施本於「名」以立論。《老子》開宗明義，「道」、「名」兼舉並重，思想當晚出於莊、惠兩家〔註42〕。錢穆又就《老子》書中對於當時政治社會所闡發之理論，推測《老子》成書當在戰國晚期〔註43〕。錢

〔註39〕載於《古史辨》第四冊（上海：上海古籍出版社，1982 年重印本）。

〔註40〕參見熊鐵基、馬良懷、劉韶軍：《中國老學史》（福州：福建人民出版社，1995 年），頁 5。

〔註41〕參見楊家駱：《老子新考述略》，寫於 1949 年（載於楊家駱主編：《諸子集成》第一集第二冊，臺北市：世界書局，1956 年）。

〔註42〕參見錢穆：〈關於老子成書年代之一種考察〉，寫於 1923 年（原載於《燕京學報》第八期，後又載於錢穆：《莊老通辨》（臺北：東大圖書公司，1991 年））。

〔註43〕參見錢穆：〈再論老子成書年代〉，寫於 1932 年（原載於北京大學之《哲學論叢》，後又載於錢穆：《莊老通辨》（臺北：東大圖書公司，1991 年））。

穆認爲《易》、《庸》所謂宇宙人生皆承襲《莊》、《老》,《老子》書之思想,則適爲
《莊子》與《易》、《庸》之過渡〔註44〕。錢穆就《老子》書,摘出書中主要用語,
一以推究其時代背景,一以闡說其思想線索,尤欲證成《老子》晚出於《莊子》內
篇〔註45〕。

　　第二種觀點以任繼愈、馮憬遠爲代表〔註46〕。他們認爲,《老子》書雖非老子
親手所寫,但書中的基本思想是老子本人所固有的。《老子》的成書有一個過程,先
秦的典籍很少是由個人執筆寫成的,而是由學派的門徒不斷地發展、補充,經過若
干年代才成爲「定本」。我們不能因爲《老子》書中發現有戰國時代思想的一些跡象,
就否定老子是《老子》書的基本思想的奠基人。《老子》書中的一些思想在老子以前
就已相當流行,如「無爲」、「貴柔」、不信「天命」的思想,在春秋初期便已具雛形。
《老子》書中如反對仁義、反對法令的思想,可能晚出。總之,《老子》書中的「天
道觀」、「貴柔」、反對戰爭和辯證法思想是老子本人的思想,小國寡民的政治思想也
接近老子本人的思想〔註47〕。

　　第三種觀點以馮友蘭爲代表,針對學術界不同意見的爭論,馮友蘭提出「先從
大處看一看」,他認爲:(1)從先秦的一般學術發展的情況看,有一條規律,即章學
誠所謂的孔子之前「無私人著作之事」。然而,《老子》書正是一部私人著作,說他
出現在孔子以前,便不符合這一規律。(2)從思想鬥爭的觀點看,一個階級對於異
己乃至敵對的階級,一種思想對於異己乃至敵對的思想,必定是有鬥爭的。然而,「孔
子、墨子一直到孟子,都沒有跟老子的思想作鬥爭,甚至都沒有提到老聃的名字。」
(3)從先秦哲學思想的發展看,人的認識都要經歷從具體到一般、從特殊到概括的
過程。「《老子》書中一些主要的範疇例如道、常、無、有等等……都是很概括的。
這些範疇,應該是在先秦相當長期的百家爭鳴,互相批判,互相提高的辯論的過程
中,才能逐漸達到的〔註48〕。」馮氏以爲,這三條理由很充分了。儘管今天無從認
定老聃爲戰國時人,但《老子》書的「哲學體系」確立於戰國時,當屬無疑。馮氏

〔註44〕參見錢穆:〈三論老子成書年代〉,寫於 1947 年 (載於錢穆:《莊老通辨》(臺北:東
　　　　大圖書公司,1991 年))。

〔註45〕參見錢穆:〈老子書晚出補證〉,寫於 1957 年 (載於錢穆:《莊老通辨》(臺北:東大
　　　　圖書公司,1991 年))。

〔註46〕參考任繼愈、馮憬遠:《老子的研究》(載於《老子哲學討論集》,北京:中華書局,
　　　　1959 年)。

〔註47〕參考熊鐵基、劉韶軍、劉筱紅、吳琦、劉固盛著:《二十世紀中國老學》(福州:福建
　　　　人民出版社,2002 年),頁 231。

〔註48〕參考馮友蘭:〈關於老子哲學的兩個問題〉(載於《老子哲學討論集》,北京:中華書
　　　　局,1959 年)。

仍堅持自己三十年代的觀點:《老子》是戰國時的產品〔註49〕。

第四種觀點認爲,《老子》爲戰國時的環淵所著,以郭沫若爲代表。郭沫若認爲:「《道德經》晚出是不成問題的,在我認爲就是環淵所著的《上下篇》」〔註50〕,「環淵」音變爲「關尹」,漢代人有老聃即太史儋之說,老聃曾經入秦,太史儋也曾入秦,入秦必定過關,因而關尹便被解釋爲關門令尹,於是,環淵著《上下篇》之事,便演化爲老聃爲關門令尹著《上下篇》。郭沫若又指出:《老子》其書是「大率與孟子同時」的環淵「所錄老聃遺訓」,「唯文經潤色,多失眞之處」〔註51〕。關峰、林聿時大致同意郭沫若的觀點,但還認爲或是楊朱所手錄〔註52〕。

關於老子和《老子》書的年代問題的研究,直到二十世紀的後期考古新成果的出現才取得突破性的進展。1973年長沙馬王堆漢墓出土了帛書《老子》,以及1993年湖北荊門市郭店一號楚墓出土的竹簡《老子》,都相繼提供了更加接近古本原貌的《老子》版本。郭店出土的楚簡本《老子》是迄今爲止考古發現的最早的《老子》版本,版本年代大體可以定在戰國前期。根據發掘郭店一號墓的考古專家推斷,「該墓年代爲戰國中期偏晚」,郭店楚簡的年代下限應略早於墓葬年代,即應在戰國前期。根據郭店楚簡本《老子》的年代,現在基本上可以斷定老子其人當如司馬遷所記在春秋末年,與孔子同時〔註53〕。

傅奕考校《老子》眾本時,曾據「項羽妾本」,即「齊武平五年彭城人開項羽妾冢」所得之本〔註54〕,現在又有馬王堆漢墓帛書《老子》以及郭店楚簡《老子》的出土,這對於「《莊》前《老》後」、「《老子》成書於西漢」之主張,是極有力的反駁。

總而言之,《老子》書是可以代表春秋時期老子思想的,其成書時間應不晚於戰國初年。今傳本以及新出土的帛書本、楚簡本,也都難免有其後附加上去的文字,

---

〔註49〕參考熊鐵基、劉韶軍、劉筱紅、吳琦、劉固盛著:《二十世紀中國老學》(福州:福建人民出版社,2002年),頁231~232。

〔註50〕參考郭沫若:《十批判書・稷下黃老學派的批判》(重慶:群益出版社,1945年)。

〔註51〕參考郭沫若:《青銅時代・老聃、關尹、環淵》(重慶:文治出版社,1945年)。

〔註52〕關峰、林聿時〈論老子哲學體系的唯心主義本質〉一文指出:「《老子》成書的年代可能稍早,或是楊朱所手錄,因爲書中有許多和楊朱的『爲我主義』相通的思想。當然,這一點也還沒有確鑿的證據。」(載於《老子哲學討論集》(北京:中華書局,1959年),頁177。)

〔註53〕參考熊鐵基、劉韶軍、劉筱紅、吳琦、劉固盛著:《二十世紀中國老學》(福州:福建人民出版社,2002年),頁109~110。

〔註54〕宋謝守灝《混元聖紀》(《正統道藏》本)卷三云:「唐傅奕考覈眾本,勘數其字云:『項羽妾本,齊武平五年彭城人開項羽妾塚得:……』」

但這是幾乎所有古籍都會存在的現象〔註55〕。

三、《老子》的版本

　　古籍的流傳，時間愈久，問題越多，因爲不斷地傳抄、整理、翻印，就使古籍或大或小地變樣，像《老子》這樣影響大的先秦古籍，尤其如此。目前最常見的古本有韓非的〈解老〉及〈喻老〉、嚴遵的《道德指歸論》、河上公本、王弼本、傅奕本、想爾注本，以及最新出土的漢墓帛書本、郭店楚簡本。楊家駱先生考證認爲，漢初《老子》有數種版本：一、關、列、史、申、尸、愼、韓所傳之本。二、詹何得於似《老子》之黃帝書作者所傳之本。三、淮南王劉安所得之本。四、河間獻王劉德所得之先秦舊書。五、縱橫家蒯徹、陳平所傳之本。其他西漢學黃老者，其所用之本，或亦有不同於上五本者。總之，現行《老子》一書雖有後人竄亂，但固爲關尹以來傳本之舊，無可疑也〔註56〕。

〔註55〕參見熊鐵基、馬良懷、劉韶軍：《中國老學史》（福州：福建人民出版社，1995年），頁21。

〔註56〕楊家駱先生考證認爲：

　　漢初《老子》蓋有數本。一、關、列、史、申、尸、愼、韓所傳之本。此本面目猶得見於〈解〉〈喻〉二篇中。韓非後學屢次傳鈔，今本「燕處超然，……以身輕天下」，即此本傳鈔所竄亂者。近人以《老子》言「萬乘之主」，斷《老子》書不能出春秋時，實未詳考也。二、詹何得於似《老子》之黃帝書作者所傳之本，後傳樂氏之族，竄入兵家言：又傳曹參，入於漢廷。今本改《老子》書中之「邦」字爲「國」字，即從此本也。三、淮南王劉安（前一五九至前一二二）所得本，《道應訓》即此本之注。淮南子（成於前一二七稍後）中《道應訓》及其他各篇引《老》共八十九則。故於《淮南子》書中，猶可得見此本面目。今本《老子》「侯王」一辭，即門客進書時改以求合者。劉向（前七七至前六）祖父辟彊（前一六九至前八五），治淮南獄得此本。向據以作《說老子》四篇。後向校書兼用諸本，所據不限於此本也。《道應訓》體裁倣於〈解〉〈喻〉二篇，且襲用韓非〈解〉〈喻〉之文，《淮南子》書爲雜家之最近道家者，就此二點觀之，劉安所得本與上二本或亦有其淵源也。四、河間獻王劉德（？至前一三零）所得先秦舊書（前一五五稍後），皆七十子之徒所論，內有《老子》，其本應爲子莫、荀子所傳者，惜無由知其詳。五、縱橫家蒯徹獲交安期生，陳平學黃老，所師無可考，今本《老子》中有近縱橫家言，或蒯徹、陳平所傳《老子》本竄入者也。自餘西漢學黃老者，如鼂錯之子章、司馬談從學道論之黃生、直不疑、汲黯、鄭當時、司馬季主、楊王孫、嚴遵（今傳遵《老子指歸》，明人僞作）等，及西漢爲《老子》書作傳說，除劉向《老子說》外之鄰、傅、徐、毋邱四氏，其所用本，或亦有不同於上五本者。總之，《老子》書自戰國末至西漢初，屢有竄亂及可能竄亂之跡，劉向校書時匯而一之，不能盡辨。宋董思靖、謝守灝引《七略》言《老子》章數、字數，所引一望而知其僞，不必論；惟司馬遷謂《老子》書五千餘言，今本字數仍不逾六千，則戰國末西漢初所竄亂者，殆亦止於上述諸端，此數端外，《老子》書固爲關尹以來傳本之舊，無可疑也。

　　歷代注《老子》者，一般均認爲以河上公本爲最古，以王弼本爲最勝，唐宋以來流傳較廣的，即此二本。據宋代謝守灝所見，當時之河上公本與王弼本均有兩種版本〔註57〕。而現今所傳者，此二本都各有四種不同的版本〔註58〕。其中的河上公本，尚有學者分爲河上公古本與僞河上公注本〔註59〕。

　　今廣行於世之河上公本，唐開元初，劉知幾認爲《老子》無河上公注，欲廢而立王弼注，但因宰相宋璟及司馬貞等，力主兼行二家而得免〔註60〕。惟以唐世崇道教，河上公注淺近易解，故家喻戶曉。但王弼注會通《老》《易》，見解高致〔註61〕，爲文人學士所好，然遠不及河上公本之通行於民間〔註62〕。實際上，在唐代一直是「二家兼行」的，陸德明爲王弼本作音義，傅奕古本以王弼本爲依據，而顏師古注《漢書》、賈公彥疏《周禮》、李賢注《後漢書》，都引用河上公本，有的如李善注《文選》則二本兼用。

　　宋以後王弼本被認爲「還古者也」，原因是一般認爲，河上公本並非眞正戰國時

　　　　（見楊家駱：《老子新考述略・先秦老學文獻及老子書傳本源流新說》，寫於1949年。載於楊家駱主編：《諸子集成》第一集第二冊，臺北市：世界書局，1956年）。

〔註57〕謝守灝《混元聖紀》（《正統道藏》本）卷三云：「王弼本有五千六百八十三字或五千六百一十字，河上公本有五千五百五十五字或五千五百九十字。」

〔註58〕《老子》河上公章句：1.宋建安虞氏家塾刊本。2.南宋重刊景定元年《六子》本。3.《正統道藏》本。4.明嘉靖顧春世德堂《六子》本。
　　　　《老子》王弼注本：1.《正統道藏》本。2.清乾隆刊《武英殿聚珍叢書》本。3.清光緒刊浙江書局《十子》本。4.清光緒黎庶昌刊《古逸叢書》本。

〔註59〕古棣稱其所藏之河上公《老子》古本（王羲之書河上公古本石刻拓本），雖與今存河上公注本略有不同，但其祖本應是戰國後期的河上公傳本。古棣所謂之僞河上公《道德眞經註》，乃指其所藏河上公《道德眞經註》之明嘉靖刻本，古棣認爲此乃爲西漢人託名戰國河上公所著。所謂「僞」，乃就其非戰國河上公所著而言，並非否定其在文獻上價值。（參見古棣：《老子通》書末之參考書目，高雄：麗文文化公司，1995年初版。）（按：據《隋書・經籍志》，漢文帝時爲河上公，而戰國時爲河上丈人。但古棣稱戰國時爲河上公，此因古棣認爲河上公與河上丈人同係一人。）

〔註60〕《新唐書・劉子玄列傳》：
　　　　開元初，（劉知幾）遷左散騎常侍。嘗議孝經鄭氏學非康成注，舉十二條左證其謬，當以古文爲正；易無子夏傳，老子書無河上公注，請存王弼學。宰相宋璟等不然其論，奏與諸儒質辯。博士司馬貞等阿意，共黜其言，請二家兼行，惟子夏易傳請罷。

〔註61〕《世說新語・文學》曰：「何晏注《老子》未畢，見王弼，自說注《老子》旨。何意多所短，不復得作聲，但應諾諾。遂不復注，因作《道德論》。」又曰：「何平叔注《老子》始成，詣王輔嗣。見王注精奇。乃神伏曰：『若斯人，可與論天人之際矣！』因以所注爲《道》、《德》二論。」

〔註62〕參見蕭天石：《道德經名注選輯七・序》（臺北：中國子學名著集成編印基金會，《中國子學名著集成》第52）。

河上丈人之作。王弼本及其注被認爲是較好的本子和「古注中第一流的作品」〔註63〕，但是馬敘倫考證認爲，「常善救人故無棄人，常善救物故無棄物」〔註64〕數句，晁公武引傅奕說古本無〔註65〕，故而今行王本亦非原貌〔註66〕。但是由兩個帛書《老子》卻可證明「常善救人」數句在古本中應有而非無，兩個帛書本都寫道：「是以聖人恆善救〔註67〕人，而無棄人，物無棄財〔註68〕，是謂愬〔註69〕明。」與今本相比，文字有所不同，但意思完全是一樣的。假如眞的王本沒有「常善救人」等數句的話，那倒是王本失眞了。由此看來，帛書本價值是很大的。

　　唐代傅奕的《道德經古本篇》，也是重要的古本之一，而1973年出土的漢墓帛書《老子》以及1993年出土的郭店楚簡《老子》應是目前最新也是最古的版本了。將二、三○年代學者〔註70〕所依據的流傳本即王弼本《老子》和新出土的帛書《老子》、郭店楚簡本《老子》三個版本相比較，其中帛書本與王弼本體例編排不同，前者是〈德經〉在前，後者是〈道經〉在前，內容、文字與規模比較接近，但帛書本假借字較多，沒有王弼本規範，肯定帛書本較王弼本爲早，可能是戰國中期或稍後的本子。郭店楚簡本的內容、文字、編排次序，乃至規模，都與帛書、王弼本有很大差異，從考古學家的斷代來看〔註71〕，肯定是比帛書本、王弼本更早的本子〔註72〕。

〔註63〕參閱陳鼓應：《老子今註今譯及評介‧歷代老子注書評介》（台北：商務印書館，1997年二次修訂版）。

〔註64〕見河上公本第二十七章。

〔註65〕晁公武《郡齋讀書志》云：「傅奕謂：『「常善救人故無棄人，常善救物故無棄物」四句，古本無有，獨得於河上公耳。』」

〔註66〕馬敘倫《老子校詁‧序》云：「宋則眾本雜出，率祖河上，蓋以徽宗尊道，甚於唐玄。故能克求王本至謂近世希有，久乃得之。今行王本即熊氏所得，晁說之稱爲近古者也。然晁氏謂弼題是書曰《道德經》，不析乎道德而上下之。而音義所依爲王本，已析上篇爲〈道經〉，下篇爲〈德經〉。『常善救人故無棄人，常善救物故無棄物』，獨得諸河上公本，而古本無有也，賴傅奕能辨之，今王本仍有此四句，傅本亦然，從王注及陸氏音義與河上注參核經文，則依河上本以改王本者頗多。是今王本非復晁氏所見之舊，王注原本蓋已不可復睹。」

〔註67〕「救」，甲、乙本皆作「怵」，傅奕本、通行本皆作「救」，「怵」實爲「救」之借字。

〔註68〕「物無棄財」一句，河上公本、通行本皆作「常善救物，故無棄物」。

〔註69〕「愬」，甲本作「伸」，乙本作「曳」，傅奕本、通行本皆作「襲」。《說文》：「愬，習也。」「襲」、「習」古通「常」，「伸」、「曳」疑皆爲「愬」之誤。（參見許抗生：《老子研究》（台北：水牛出版社，1992年），頁110～111。）

〔註70〕從1919年到1936年，關於老子其人其書的問題，持續了十多年的論爭，評論的主要文章被匯集在當時出版的《古史辨》第四冊和第六冊中，共有三十五六萬字之多。

〔註71〕根據發掘郭店一號墓的考古專家推斷，「該墓年代爲戰國中期偏晚」，郭店楚簡的年代下限應略早於墓葬年代，即應在戰國前期。

〔註72〕參考熊鐵基、劉韶軍、劉筱紅、吳琦、劉固盛著：《二十世紀中國老學》（福州：福建

四、《老子》之篇章與字數

漢初對老子之書稱《老子》，不稱《道德經》。《史記‧儒林傳》云：「竇太后好老子書」，《漢書‧景十三王傳》曰：「獻王得古文《孟子》《老子》之屬」。《老子》之稱「經」應自漢景帝始，《三國志‧吳書》記載闞澤對孫權曰：「漢景帝以黃帝老子義體尤深，改子為經，始立道學，敕令朝野悉諷誦之。」景帝好黃老之學，改「子」為「經」，並立「道學」。河上公《老子注》與嚴遵《道德指歸論》均不稱《道德經》，雖然《太平御覽》引《寰宇記》云：「楊雄《蜀王本紀》曰：『老子為關尹喜著道德經。』」，但稱《道德經》在當時的文獻中仍屬少數，可能直到王弼注《老子》時，才逐漸普遍。

河上公《老子注》與嚴遵《道德指歸論》，雖已分上經、下經，但卻無「道經」、「德經」之名。《老子想爾注》之殘本有「老子道經上」之字樣，推知當時已有「道經」、「德經」之名目，而《弘明集‧牟子理惑論》云：「所理止於三十七條，兼法老氏道經三十七篇」，則更推知漢時此書已分道、德二經。顏師古之注《漢書》，李賢之注《後漢書》，恒分稱「老子道經云」與「老子德經云」，至唐玄宗御注《道德經》，則明標為「道經卷上」、「德經卷下」。

今人以〈道經〉在前，〈德經〉在後，且河上公《老子注》、傅奕《道德經古本篇》，亦為〈道經〉在上為上篇，〈德經〉在下為下篇。但嚴遵《道德指歸論》卻是〈德經〉在上、〈道經〉在下，而 1973 年湖南長沙馬王堆漢墓出土的帛書《老子》甲、乙本，綢卷墨寫，其上下篇次序也與今相反，文字亦有出入，此為漢惠帝二年以前之古本。再到 1993 年郭店楚簡《老子》出土，人們更發現當時的《老子》根本沒有明確的分章，即便可據後來通行的《老子》八十一章分章法對其文本進行分章，但章序也與後代傳世本的章序大不相同。這說明《老子》一書的形成及其分章分篇，不可能一開始就像後代傳世本（如王弼注本、河上公注本）那樣，有明確的分篇與分章。

古本《老子》概未分章，僅分上下篇。據孫詒讓之考證，《老子》之分章與分篇在漢代就已形成〔註73〕。宋謝守灝之《混元聖紀》引劉歆《七略》，引述劉向校定

人民出版社，2002 年），頁 109～110。

〔註73〕孫詒讓《老子札迻》云：「《老子》上下篇八十一章，分題『道經』、『德經』，河上公本、《經典釋文》所載王注本、《道藏》唐傅奕校本、石刻唐玄宗注本並同。《弘明集‧牟子理惑論》云：『所理止於三十七條，兼法老氏道經三十七篇』，則漢時此書已分道、德二經，其道經三十七章、德經四十四，亦與今本正同。今所傳王注出於宋晁說之，所校不分道德二經，於義雖通，然非漢唐之舊。」

二篇八十一章，上經三十七章，下經四十四章〔註74〕。東漢牟融《理惑論》亦論「老氏道經三十七章」。河上公《老子注》雖爲後人僞作，但《隋志》已載之，其注亦分爲八十一章，上經三十七章，下經四十四章。

　　《正統道藏》本之王弼《老子注》不分章次〔註75〕，但有的明刊本則分成八十一章〔註76〕。蔣錫昌考證認爲：「古王弼本當析道德爲二而分屬上下篇，又分章數爲八十一。」〔註77〕嚴遵《道德指歸論‧說目》云《老子》一書分爲七十二章，上經四十章，下經三十二章〔註78〕，但此〈說目〉疑爲僞作〔註79〕。元朝之吳澄合併爲六十八章，朱元璋御注《道德經》據吳澄本再合併爲六十七章。薛蕙依其家傳之河上公古本，編輯《老子集解》並刊出行世，亦即爲後世之河上公八十一章定本。今本之分章同於河上公本。

〔註74〕謝守灝《混元聖紀》（《正統道藏》本）卷三云：「按劉歆《七略》：『劉向讐校中老子書二篇，太史書一篇，臣向書二篇，凡中外書五篇，一百四十二章。除複重三篇六十二章，定著二篇八十一章。上經第一，三十七章；下經第二，四十四章。』此則校理之初，篇章之本者也。但不知刪除是何文句，所分章何處。爲限中書與向書俱云二篇，則未校之前已有定本。」
　　但楊家駱《老子新考述略‧先秦老學文獻及老子書傳本源流新說》云：「宋董思靖、謝守灝引《七略》言《老子》章數、字數，所引一望而知其僞。」（載於楊家駱主編：《諸子集成》第一集第二冊，臺北市：世界書局，1956年。）

〔註75〕《正統道藏》本之王弼《老子注》不分章次，後附晁說之跋曰：「《道德經》不析乎道德而上下之，猶近於古。」熊克據之。據蔣錫昌考證，熊克刻《老子》共計二次，第一次有八十一章之篇目，第二次則無篇目。晁說之以《道德經》不析爲古，熊克據之，乃竟以第一次刻者爲俗，第二次刻者爲古。（參見蔣錫昌：《老子校詁》（臺北：東昇出版社，1980年）所附之參考書目提要。）

〔註76〕《道德經名注選輯》第一冊（臺北：中國子學名著集成編印基金會，《中國子學名著集成》第46）所選錄之明刊本，按《河上公章句》之分章法，分成八十一章。

〔註77〕據蔣錫昌考證，二十章王注：「下篇，爲學者日益」是爲王本分上下篇之證。二十三章王注：「下章言道之出口」；二十八章王注：「下章云反者道之動也」；五十七章王注：「上章云其取天下者」是爲王本有章數之證。陸德明《釋文》明謂：「今依王本」，而一題《老子道經音義》，一題《老子德經音義》，又於《德經音義》下注云：「四十四章，一本四十三章」，則可推知王本全書分爲八十一章，一本八十章，是爲王本析道德爲二，及分章數爲八十一之證。（參見蔣錫昌：《老子校詁》（臺北：東昇出版社，1980年）所附之參考書目提要。）

〔註78〕《道德指歸論‧說目》：「莊子曰：昔者老子之作也，變化所由，道德爲母，效經列首，天地爲象；上經配天，下經配地，陰道八，陽道九，以陰行陽，故七十有二首；以陽行陰，故分爲上下，以五行八，故上經四十而更始，以四行八，故下經三十有二而終矣。」

〔註79〕嚴靈峰考辨認爲《道德指歸論》並非僞書，但其書前之谷神子〈序〉及君平〈說目〉均疑僞誤。（參見嚴靈峰：〈辨嚴遵《道德指歸論》非僞書〉（嚴遵《道德指歸論》書前附錄，《無求備齋老子集成初編》第一函）。）

　　《老子》一書之字數，因版本不同亦多有出入。張鎭南古本有四千九百九十九字〔註80〕，唐敦煌寫本《係師定河上眞人章句》本（係師應即張鎭南〔註81〕），亦爲四千九百九十九字，「三十輻」改作「卅輻」。宋代謝守灝考證云：

　　　　唐傅奕考覈衆本，勘數其字云：「項羽妾本，齊武平五年彭城人開項
　　羽妾塚得：望安丘之本，魏太和中道士寇謙之得：河上丈人本，齊處士仇
　　嶽傳家之本，有五千七百二十二字，與韓非〈喩老〉相參。」〔註82〕又洛
　　陽有官本五千六百三十五字，王弼本有五千六百八十三字或五千六百一十
　　字，河上公本有五千五百五十五字或五千五百九十字，并諸家之註多少參
　　差。然歷年既久各信所傳，或以他本相參，故舛戾不一。《史記》司馬遷
　　云：「老子著書言道德之意五千餘言」，但不滿六千則五千餘矣。今道家相
　　傳謂《老子》爲五千文，蓋舉其大數矣〔註83〕。

謝守灝所謂「歷年既久各信所傳，或以他本相參」，可說是各版本字數有所出入的最大原因。

五、《河上公章句》之年代考

　　歷代註《老子》者，一般均認爲以河上公本爲最古，其經文與許多文本多有不同之處，但與長沙馬王堆出土的帛書本相近，其版本價值是值得肯定的。但此書究竟是何時的作品？這關係著它在老學發展史上的地位和價值，實在是值得進一步的探討。

　　河上公《老子注》亦稱《河上公章句》，並不見錄於《漢書・藝文志》。而《隋書・經籍志》列有多種《老子道德經》二卷，在首列的一種之下注云：「周柱下史李耳撰，漢文帝時，河上公注。梁有戰國時河上丈人注《老子經》二卷，漢長陵三老母丘望之注《老子》二卷，漢隱士嚴遵注《老子》二卷，虞翻注《老子》二卷，亡。」

〔註80〕劉大彬《茅山志》卷九中《道山冊》謂：「按《登眞隱訣》隱居云：《老子道德經》有
　　　　玄都楊眞人手書張鎭南古本。鎭南即漢天師第三代系師魯，魏武表爲鎭南將軍者也。
　　　　其所謂《五千文》者有五千字也。數系師內徑有四千九百九十九字，由來闕一。是
　　　　作三十輻應作卅輻，蓋從省文耳，非正體也。宗門眞迹不存。今傳《五千文》本上
　　　　下二篇，不分章。」然上引文一段不見於今本《登眞隱訣》。
〔註81〕同前註。
〔註82〕據《老君實錄》轉引謝守灝曰：「《道德經》，唐傅奕考核衆本，勘數其字云：『項羽妾
　　　　本，齊武平五年，彭城人開項羽妾冢得之；安丘望之本，魏太和中道士寇謙之得之；
　　　　河上丈人本，齊處士仇嶽傳之。三家本，有五千七百二十二字，與韓非〈喩老〉相
　　　　參。』」《老君實錄》轉引之文與《混元聖紀》所載略有不同，但其意相通。
〔註83〕見謝守灝：《混元聖紀》（《正統道藏》本），卷三。

　　由《隋書・經籍志》之記載，知戰國及漢文帝時，一個河上丈人，一個河上公，皆注過《老子》，戰國時之注本今已亡佚。但，是否眞有名相近的「河上公」和「河上丈人」兩種注本？《史記・樂毅列傳》與皇甫謐《高士傳》均載有河上丈人一事〔註84〕。而河上公其人，在葛玄《老子道德經》之序文中則載有其事蹟〔註85〕。由此看來，西漢初似乎有一個河上公，而戰國時也有一個河上丈人。但楊家駱先生考證云：

　　　　詹何以善釣稱，釣必環淵，人因呼之爲環淵，尊稱則爲河上丈人，河上公則河上丈人之省，後傳會謂漢文帝時猶在，又有誤河上丈人、河上公爲二人，或疑皆無其人者。又釣則善用蜎餌，人又稱之爲蜎子，著書時因以「蜎子」爲書名。環淵、蜎子合稱，則變而爲環蜎。而因書名「蜎子」，遂誤蜎爲姓，而淵爲名矣〔註86〕。

而王明亦結論說：

　　　　戰國末年，當有「河上丈人」，但並未爲《老子》注。漢文帝時，實無河上公其人，更無所謂《老子章句》，今所傳《老子河上公章句》，蓋後人所依託耳。「公」與「丈人」二辭，其義無別。假託之人，蓋偶題爲河上公耳。……蓋彼無名氏之長者，以其居河之濱，謂之河上丈人可，謂之河上公，孰曰不可？若仿《漢志》「鄭長者」之例，即號曰河上長者，似亦未嘗不可也〔註87〕。

葛玄《老子道德經》之〈序〉載有河上公事跡〔註88〕，有些《老子注》尙有河上公

〔註84〕《史記・樂毅列傳》：「樂臣公學黃帝、老子，其本師號曰河上丈人，不知其所出。河上丈人教安期生，安期生教毛翕公，毛翕公教樂瑕公，樂瑕公教樂臣公，樂臣公教蓋公，蓋公教於齊高密膠西，爲曹相國師。」
　　　　《太平御覽》引皇甫謐《高士傳》云：「河上丈人者，不知何國人也。明老子之術，自匿姓名，居河之湄，著《老子章句》，故世號曰河上丈人。當戰國之末，諸侯交爭，馳說之士，咸以權勢相傾，唯丈人隱身修道，老而不虧，傳業於安期生，爲道家之宗焉。」
〔註85〕葛玄《老子道德經》之序文云：「河上公者，莫知其姓名也，漢孝文皇帝時結草爲庵于河之濱，常讀老子道德經。」又云：「太上道君遣神人特下教之便去耳，恐文帝心未純信，故示神變以悟帝意，欲成其道眞，時人因號曰河上公焉。」
〔註86〕見楊家駱：《老子新考述略・先秦老學文獻及老子書傳本源流新說》，寫於1949年（載於楊家駱主編：《諸子集成》第一集第二冊，臺北市：世界書局，1956年）。
〔註87〕見王明：《道家和道教思想研究・老子河上公章句考》（北京：中國社會科學出版社，1984年）。
〔註88〕宋刊虞氏家塾本、日本慶長活字本，俱有葛玄〈序〉。

〈序〉〔註89〕，但《河上公章句》並不見錄於《漢書‧藝文志》，唐代劉知幾已謂《老子》無河上公注〔註90〕，疑係偽託。唐釋法琳《辯正論》所引之《河上公章句》與今本異，又劉知幾稱其書：「不經之鄙言，流俗之虛語。」故疑今本非原書之舊。

對於《河上公章句》之成書年代，學者們的看法大致上可分成兩類：一個是魏晉以後，一個是漢代。主張魏晉以後的，在此舉楊家駱、谷方與馬敘倫之說；主張漢代的，在此則舉金春峰、王明與許抗生之論。

楊家駱先生撰《老子新考述略》〔註91〕，考定認為《河上公章句》「實晉裴楷所作，其徒妄稱為河上公作，以與弼注爭勝。」谷方在〈河上公老子章句考證〉〔註92〕中，從思想體系上比較分析，發現《河上公章句》與《抱朴子》屬於同一思想體系，認定《河上公章句》是葛洪派道教徒撰寫的一部著作。而馬敘倫作《老子校詁》〔註93〕時作了一番考證，他在該書〈序〉中提到《河上公章句》應該是「出於王本亂離錯訛之後，為張道陵學者所為」〔註94〕。

在谷方發表完〈河上公老子章句考證〉一文後，緊接著金春峰就發表了〈也談老子河上公章句之時代及其與抱朴子之關係〉〔註95〕，文中金春峰列舉大量材料證明：「《河上注》思想與《抱朴子》思想迥異」；「《河上注》多用古義、漢義（漢代之思想、觀念、用語）、實義注老」；「使用漢代之專有名詞」；「反映漢代黃老思想之特徵」等等，反駁《河上公章句》成書於魏晉之後。而王明在其論文〈老子河上公章句考〉〔註96〕中，則認為是養生家託名於「河上公」，作於東漢中葉迄末季之間。

〔註89〕明孫鑛本、歸有光注本，俱有河上公〈序〉。

〔註90〕《新唐書‧劉子玄列傳》：「開元初，（劉知幾）遷左散騎常侍。嘗議孝經鄭氏學非康成注，舉十二條左證其謬，當以古文為正：易無子夏傳，老子書無河上公注，請存王弼學。」

〔註91〕載於楊家駱主編：《諸子集成》第一集第二冊（臺北市：世界書局，1956年）。

〔註92〕載於《中國哲學》第七期（北京：三聯書店，1982年）。

〔註93〕馬敘倫（夷初）《老子覈詁》，《無求備齋老子集成續編》景印北京景山書社1924年排印本，古籍出版社1956年修訂增補改題《老子校詁》，1966年台北華聯出版社翻印《老子校詁》本。

〔註94〕馬敘倫《老子校詁‧序》云：「余檢河上注曰：『魂者，雄也，主出入人鼻，與天通，故鼻為玄也。』又曰：『天門，北極紫微宮。』若此者，漢初猶無其說，何況戰國時！又檢王本，經注相檢，頗多錯訛復重，亦弼注訛入經中而河上乃並弼注亦注之，其題著之成尤者，則佳兵者一章是也。亦有弼注後經文始有錯訛者，而河上本亦同其錯訛。以此證之，蓋出於王本亂離錯訛之後，為張道陵學者所為。獨不解晉之中世，其書已行，而諸所存晉宋前籍，顧不多及。至梁元帝《金樓子》、阮孝緒《七錄》始錄其書。皇侃《論語義疏》始援引其注，從可知梁世乃大行。」

〔註95〕載於《中國哲學》第九期（北京：三聯書店，1982年）。

〔註96〕載於王明：《道家和道教思想研究》（北京：中國社會科學出版社，1984年）。

又許抗生也認為，《河上公章句》基本上是用「元氣說」來解釋老子思想的，因此可能是東漢時代的作品〔註97〕。

據孔穎達《禮記正義》記載，東漢馬融注《周禮》始採「就經為注」，改變以前經文與注文分開的形式。又據魏晉時皇甫謐《高士傳》所載，在當時已有《河上公章句》〔註98〕，且梁代虞龢《論書表》及《晉書》亦載：東晉王羲之〔註99〕曾就《河上公章句》寫《道德經》〔註100〕。《河上公章句》採「就經為注」的形式，因此應成書於馬融之後。又因皇甫謐《高士傳》之記載，《河上公章句》應成書於《高士傳》之前。

《河上公章句》基本上是以盛行於東漢之「元氣說」來解說老子思想，且多用古義、漢義，又採東漢風行的章句之體〔註101〕。因此，許多學者認為《河上公章句》應成書於東漢時期。《河上公章句》之成書年代，楊家駱先生考證甚詳。裴楷〔註102〕與皇甫謐〔註103〕同為魏晉時人，博涉群書，尤精《老子》、《易經》。裴楷乃魏晉博學之士，為與王弼〔註104〕之注爭勝，仿漢義、漢代用語、漢代思想及章句之體，當非難事。綜合各家所見，楊家駱先生考證之結論：「實晉裴楷所作，其徒妄稱為河上公作，以與弼注爭勝。」最為可信。

〔註97〕河上公的《老子注》（即《河上公章句》）可能是東漢時代的作品。這很可能是由於漢文帝時黃老學盛行，因此後人假託河上公作此注。其理由是：（一）《漢書‧藝文志》中沒有著錄此書。在道家一派中，見於著錄的有《老子鄰氏經傳》、《老子傅氏經傳》、《老子徐氏經說》和劉向《說老子》。這說明西漢時此書尚未問世。（二）從思想內容上看，河上公《老子注》基本上是用元氣說來解釋老子思想的。而元氣說盛行的時期只是在東漢時代，例如當時的王充等人都是著名的元氣論者。（參見許抗生：《老子研究》（臺北：水牛出版社，1992年），頁208。）

〔註98〕《太平御覽》引皇甫謐《高士傳》云：「河上丈人者，不知何國人也。明老子之術，自匿姓名，居河之湄，著《老子章句》，故世號曰河上丈人。當戰國之末，諸侯交爭，馳說之士，咸以權勢相傾，唯丈人隱身修道，老而不虧，傳業於安期生，為道家之宗焉。」

〔註99〕王羲之，字逸少，東晉時人。生於西元321年，卒於西元379年。

〔註100〕《書苑菁華》、《雲谷雜記》並引梁虞龢《論書表》曰：「山陰縣釀村養鵝道士謂羲之曰：『久欲寫河上公《老子》，縑素早辦，無人能書。』府君自屈書道德二章。」《晉書》王羲之本傳亦載此事，惟「寫河上公《老子》」作「寫《道德經》」，應當是房玄齡修《晉書》時改之。

〔註101〕東漢時期，受古文經學影響，章句之體風行，而自王弼注解《周易》、《老子》之後，玄學大興，經學章句因而衰微。

〔註102〕裴楷，字叔則，魏晉時人。生於西元237年，卒於西元291年。

〔註103〕皇甫謐，字士安，魏晉時人。幼時名靜，晚年自號玄晏先生，生於東漢建安20年（西元215年），卒於西晉太康三年（西元282年）。

〔註104〕王弼，字輔嗣，魏時人。生於西元226年，卒於西元249年。

第二章　先秦兩漢之老子學

　　《老子》本爲先秦道家著作，戰國末有韓非〈解老〉、〈喻老〉等解釋《老子》的篇章；秦有《呂氏春秋》，漢初有《淮南子》等發揮了《老子》的某些思想；西漢末有嚴遵作《道德指歸論》等等，均以闡發《老子》思想爲宗旨。

　　戰國時期的道家可大別爲「老莊」與「黃老」兩個派別。「黃老」一詞，在漢初流行，集中反映在《史記》當中，今之所謂「稷下黃老」，主要是依據《史記》的一些記載〔註1〕。漢朝初年，採用黃老思想作爲治國之方，因而一度讀《黃帝》、《老子》成風。如《史記・外戚世家》記載說：「竇太后好黃帝、老子言，帝（景帝）及太子（武帝）、諸竇不得不讀《黃帝》、《老子》，尊其術。」

　　雖然漢武帝「罷黜百家，獨尊儒術」，但自東漢後期開始，老學便又開始復興，一些碩學大儒於「以義理解經」的同時，也積極爲《老子》作注〔註2〕，另外一些儒家經學大師在解說儒家經典時，亦援引《老子》的理論〔註3〕。其他如《後漢書》中亦有多處習、說《老子》的記載，如〈耿弇傳〉、〈范升傳〉、〈淳于恭傳〉……等。

　　《老子》與道教自古以來即關係密切。道教的形成，與秦皇漢武以來崇信的神仙方術有關，而黃老思想與神仙方術結合起來，便出現了黃帝、老子神化的現象。東漢之初，已神化老子爲禮拜祠祀之對象〔註4〕。而道教在建立之初，爲了找尋教

〔註1〕《史記・孟子荀卿列傳》有兩段記述特別明顯：「自騶衍與齊之稷下先生，如淳于髡、慎到、環淵、接子、田駢、騶奭之徒，各著書言治亂之事，以干世主，豈可勝道哉！」「慎到，趙人。田駢、接子，齊人。環淵，楚人。皆學黃老道德之術，因發明序其指意。故慎到著十二論，環淵著上下篇，而田駢、接子皆有所論焉。」司馬遷說騶衍「深觀陰陽消息而作怪迂之變，……然要其歸，必止乎仁義節儉，君臣上下六親之施」，而騶奭「亦頗採騶衍之術」。

〔註2〕如馬融、虞翻等。

〔註3〕如鄭玄在解說《周易》時，直接援用《老子》的理論。

〔註4〕如明帝之弟楚王英把老子和浮屠同樣當作神加以禮拜，《後漢書・楚王英傳》記載：

派在理論上的根據，很自然就找到了「玄之又玄」〔註5〕，又有「長生久視」〔註6〕思想的《老子》。又由於要利用《老子》五千文，因而出現了站在道教立場來注解《老子》的書。漢世直接借注《老子》來闡述修仙的，現存的只有近世敦煌出土的《老子想爾注》殘卷。另一與道教有關的《河上公章句》，則爲後人託古之作。

先秦兩漢之老學著作，就內容及主旨而言，參考蕭天石之分類，大致上有演化派、儒林派、道教派〔註7〕。而本文針對著作之形式來分類，大體上可別爲正文、傳注、通論、專論、校勘等五類。

第一節　正文類

1. 郭店楚簡《老子》甲組。殘存。戰國。

案：1993 年 10 月，在湖北荊門附近的郭店，出土了一座戰國時期的墓葬，內有許多古文物，其中有一份竹簡本的《老子》，這些竹簡因長度及字體大小的不同，大約可分爲三組，學者們分別稱之爲甲、乙、丙組〔註8〕。三組綜合，與今本《老子》相較，共可得三十二個章節。此楚簡沒有明確的分章，即便可據後來通行的《老子》八十一章分章法對其文本進行分章，其章序也與後代傳世本的章序大不相同。與較早出土之馬王堆漢

「楚王英……晚節更喜黃老學，爲浮屠齋戒祭祀……楚王英通黃老之微言，尚浮屠之仁祠。」

〔註5〕《老子》第一章：「道可道，非常道。名可名，非常名。無名天地之始，有名萬物之母。故常無欲以觀其妙，常有欲以觀其徼。此兩者同出而異名，同謂之玄。玄之又玄，衆妙之門。」

〔註6〕《老子》第五十九章：「治人事天，莫若嗇。夫唯嗇，是謂早服。早服謂之重積德，重積德則無不克，無不克則莫知其極。莫知其極，可以有國。有國之母，可以長久，是謂深根固柢、長生久視之道。」

〔註7〕演化派：又稱民間派。此派以虛無恬澹，澄神養性，演化始終；自隱無名，清靜無爲，養生、治身、理國爲宗。

儒林派：又稱學人派。此派以儒學爲本旨，援儒入道，因儒用道，而以道合儒；要亦本道德，崇清靜，顯無爲，明治道爲宗。

道教派：又稱道士派。此派以闡揚道教，奉老子爲教祖，用道德經爲教典，既張道教教義，又闡性命之理爲本旨。

河上公與嚴遵爲演化派；馬融爲儒林派；張魯及張道陵（想爾）爲道教派。

（參見蕭天石：《道德經名注選輯七・序》〔臺北：中國子學名著集成編印基金會，《中國子學名著集成》第52）。）

〔註8〕甲組簡長 32.3 厘米，兩端梯形，字體較小，共 39 枚簡。乙組簡長 30.6 厘米，兩端平齊，字體較大，共 18 枚簡。丙組簡長 26.5 厘米，兩端平齊，共 14 枚簡。

墓帛書《老子》相較，除章次不同和少數經文用字有所差異外，大部分內容基本相同或相似。

2. 郭店楚簡《老子》乙組。殘存。戰國。

3. 郭店楚簡《老子》丙組。殘存。戰國。

以上先秦

4. 馬王堆漢墓帛書《老子》甲本。殘存。西漢。

　　案：1973 年 12 月，長沙馬王堆三號漢墓中，出土了大批的帛書，約有十二萬多字，其中包括《老子》、《戰國策》、《易經》及其他秦漢以前的古書。其《老子》有兩種寫本：一本用篆書書寫，被稱之爲甲本；一本用隸書書寫，被稱之爲乙本。甲、乙本，綢卷墨寫，其上下篇次序均與今相反，文字亦有出入。甲本不避劉邦之諱，其抄寫年代當在劉邦稱帝之前；乙本避劉邦之諱，而不避劉盈和劉恒的諱，其抄寫年代應在劉邦稱帝之後，劉盈和劉恒登基之前，應爲漢惠帝二年以前之古本。又據學者之考證，甲、乙兩本是根據不同的傳本所抄寫的〔註9〕。

5. 馬王堆漢墓帛書《老子》乙本。殘存。西漢。

以上兩漢

以上先秦兩漢合計五部，五部皆殘存。

　　先秦兩漢正文類的老學著作，出土殘存的五部，大別爲漢墓帛書《老子》與郭店楚簡《老子》兩組。目前正文類的老學著作，以郭店楚簡《老子》爲最古。帛書《老子》與楚簡《老子》均不分章，證實了《老子》原本是不分章的。

　　二、三〇年代，關於老子其人其書的問題，持續了十多年的論爭〔註10〕，而五、

〔註 9〕高亨、池曦朝在〈試談馬王堆漢墓中的帛書《老子》〉（載於《文物》第 11 期，北京：文物出版社，1974 年）一文指出，帛書《老子》甲乙兩本的編次相同，如按今本分章，則兩本的章次相同，文字等方面相同的地方也很多。然而，也存在許多歧異。所以，作者認爲，帛書《老子》乙本不是抄自甲本，兩本是根據不同的傳本而抄寫的。作者分析，《老子》一書在戰國時代已是流傳很廣，影響很大，不僅道家引用《老子》，墨家、法家也引用《老子》。由於流傳廣，出現了多種傳本。帛書《老子》「甲、乙兩本文字多歧異，不是一個來源」，「現存的河上公本、王弼本、傅奕本等文字也多歧異，不是一個來源」。（參考熊鐵基、劉韶軍、劉筱紅、吳琦、劉固盛著：《二十世紀中國老學》（福州：福建人民出版社，2002 年），頁 272。）

〔註10〕從 1919 年到 1936 年，關於老子其人其書的問題，持續了十多年的論爭，評論的主要文章被匯集在當時出版的《古史辨》（上海：上海古籍出版社，1982 年重印本。）

六〇年代也有關於老子的大討論，但因漢墓帛書《老子》、郭店楚簡《老子》尚未出土，無法在考據方面有重大的突破。所以學者們對於「老子其人」的看法雖然差異不大，但對於「老子其書」學者們的觀點卻是分歧很大。

1973 年漢墓帛書《老子》，1993 年郭店楚簡《老子》，相繼提供了更加接近古本原貌的《老子》版本。郭店楚簡《老子》是迄今為止，考古發現的最早的《老子》版本，版本年代大體可以定在戰國前期〔註11〕，這對於「《莊》前《老》後」、「《老子》成書於西漢」之主張，都是極有力的反駁。而根據郭店楚簡《老子》的年代，現在基本上可以斷定老子其人，當如司馬遷所記在春秋末年，與孔子同時。由此可見，出土文物對於史學、哲學以及考證的重要性。

第二節　傳注類

1. 《韓子・解老》，一卷。存。戰國，韓非撰。
   著錄：《漢書・藝文志》（《韓子》五十五篇）。
   　　　《隋書・經籍志》、《舊唐書・經籍志》、《新唐書・藝文志》、《宋史・藝文志》。
   傳本：《正統道藏》。

2. 《韓子・喻老》，一卷。存。戰國，韓非撰。
   著錄：《漢書・藝文志》（《韓子》五十五篇）。
   　　　《隋書・經籍志》、《舊唐書・經籍志》、《新唐書・藝文志》、《宋史・藝文志》。
   傳本：《正統道藏》。

3. 《老子注》，二卷。佚。戰國，河上丈人撰。
   著錄：《隋書・經籍志》。
   　　　《通志》、姚振宗《漢書藝文志拾補》。
   案：依《隋書・經籍志》之著錄，戰國時河上丈人與西漢時河上公皆注過《老子》，但楊家駱先生考證認為河上丈人乃指詹何，而河上公則河上丈人之省。〔註12〕王明則認為戰國末年當有河上丈人，但並未為《老子》注，而漢文帝時，實無河上公其人，今所傳《老子河上公章句》，蓋後人所

第四冊和第六冊中，共有三十五六萬字之多。
〔註11〕根據發掘郭店一號墓的考古專家推斷，「該墓年代為戰國中期偏晚」，郭店楚簡的年代下限應略早於墓葬年代，即應在戰國前期。
〔註12〕參見楊家駱：《老子新考述略・先秦老學文獻及老子書傳本源流新說》，寫於 1949 年，載於楊家駱主編：《諸子集成》第一集第二冊（臺北市：世界書局，1956 年）。

依託耳〔註13〕。

以上先秦

4. 《老子注》，二卷。存。西漢，河上公撰。

著錄：陸德明《經典釋文・序錄》(《章句》四卷)。

《隋書・經籍志》、杜光庭《道德真經廣聖義・序》(《章句》)、《舊唐書・經籍志》、《新唐書・藝文志》、《崇文總目》、《通志》(一卷)、《文獻通考》、《宋史・藝文志》(一卷)、《道藏目錄詳註》(四卷)、《四庫全書總目提要》、姚振宗《漢書藝文志拾補》(《老子章句》四卷)。

傳本：《正統道藏》、《四庫全書》、《無求備齋老子集成初編》景印宋代建安虞氏刊本〔註14〕、明代世德堂刊《六子》本。

案：葛玄《道德經序訣》稱河上公授漢孝文帝《老子道德經章句》二卷，後人多不置信，有人斷為六朝人偽託〔註15〕，亦有人認為是養生家託名於「河上公」作於東漢中葉迄末季間〔註16〕。今有嚴靈峰《無求備齋老子集成初編》景印斯坦因477、2926、4681號寫本殘卷。

5. 《老子鄰氏經傳》，四篇。佚。西漢，鄰氏撰。

著錄：《漢書・藝文志》。

6. 《老子傅氏經說》，三十七篇。佚。西漢，傅氏撰。

著錄：《漢書・藝文志》。

7. 《老子徐氏經說》，六篇。佚。西漢，徐氏撰。

〔註13〕參見王明：《道家和道教思想研究・老子河上公章句考》(北京：中國社會科學出版社，1984年)。

〔註14〕《道德經名注選輯》第一冊 (臺北：中國子學名著集成編印基金會，《中國子學名著集成》第46) 所景印之宋建安虞氏刊本，與此本相同，但卻題為葛玄造。

〔註15〕例如馬敘倫《老子校詁》認為《河上公注》出於王弼注本亂離錯訛之後，為張道陵學者所作。(參見馬敘倫 (夷初)《老子覈詁》，《無求備齋老子集成續編》景印北京景山書社1924年排印本，古籍出版社1956年修訂增補改題《老子校詁》，1966年台北華聯出版社翻印《老子校詁》本。)

又例如楊家駱《老子新考述略》考定認為《河上公章句》「實晉裴楷所作，其徒妄稱為河上公作，以與弼注爭勝。」(參見楊家駱：《老子新考述略》，載於楊家駱主編：《諸子集成》第一集第二冊，臺北市：世界書局，1956年。)

〔註16〕例如王明的論文〈老子河上公章句考〉認為今所傳《河上公注》，約作於東漢中葉迄末季間，係養生家託名於「河上公」者。(參見王明：《道家和道教思想研究》，北京：中國社會科學出版社，1984年。)

　　　　著錄：《漢書・藝文志》。

8. 《老子注》，二卷。佚。西漢，毋丘望之撰。

　　　　著錄：《隋書・經籍志》。

　　　　　　　《通志》（母邱望之）。

　　　　案：作者「毋丘望之」與《通志》「母邱望之」當爲同一人。

9. 《老子章句》，二卷。佚。西漢，毋丘望之撰。

　　　　著錄：陸德明《經典釋文・序錄》。

　　　　　　　《舊唐書・經籍志》、《新唐書・藝文志》（安丘望之）、《通志》（母邱望之）、姚振宗
　　　　　　　《漢書藝文志拾補》。

　　　　案：作者「毋丘望之」與《新唐書・藝文志》「安丘望
　　　　　　之」、《通志》「母邱望
　　　　　　之」當爲同一人。《隋書・經籍志》僅著錄毋丘望之《老子注》而無《老
　　　　　　子章句》，但其它史志則多著錄《老子章句》而無《老子注》，故疑毋丘
　　　　　　望之《老子注》與《老子章句》應指同一著作。但《通志》卻同時著錄
　　　　　　母邱望之《老子注》及《老子章句》，即《通志》認爲此乃兩部不同之
　　　　　　著作，今暫依《通志》。

10. 《老子注》，二卷。佚。西漢，嚴遵撰。

　　　　著錄：陸德明《經典釋文・序錄》。

　　　　　　　《隋書・經籍志》、《通志》、錢大昭《補續漢書藝文志》、姚振宗《漢書藝文志
　　　　　　　拾補》。

　　　　案：原書已佚，今有嚴靈峰《無求備齋老子集成初編》輯校。

11. 《老子注》，二卷。殘存。東漢，想爾撰。

　　　　著錄：杜光庭《道德眞經廣聖義・序》。

　　　　案：英國倫敦大英博物院藏敦煌遺書斯坦因 6825 號，今有嚴靈峰《無求備
　　　　　　齋老子集成初編》景印，且另有蒙文通《道書輯校十種・晉唐〈老子〉
　　　　　　古注四十家輯存》輯佚。

　　　　　　敦煌遺書末尾題曰「老子道經上想爾」，因而稱《老子想爾注》。殘闕過
　　　　　　半，若依《河上公章句》分章，〈道經〉部分缺第一、二章和第三章首句；
　　　　　　〈德經〉部分全佚。唐玄宗《道德眞經疏・外傳》與杜光庭《道德眞經
　　　　　　廣聖義・序》均錄有《想爾注》二卷，並均注云：「三天法師張道陵所注。」

唐代釋法琳《辯正論》曾引張陵（張道陵）之《老子》第一章注〔註17〕。其實關於該注的編著年代和作者，學術界至今仍無統一意見，有人認為是東漢張陵或張魯所撰〔註18〕，而有人卻認為是南北朝人所為。據饒宗頤考證，《想爾》襲取《河上》（《河上公章句》）之迹，因此《想爾》應出《河上》之後。《想爾》本與《河上》本「面目迥異」，而最接近《想爾》本者，「厥為索洞玄本〔註19〕，皆系師本也」〔註20〕。

12. 《老子注》，二卷。佚。東漢，想余撰。

　　著錄：陸德明《經典釋文・序錄》。

　　　　　侯康《補後漢書藝文志》、姚振宗《後漢藝文志》、曾樸《補後漢書藝文志》。

　　案：陸德明《經典釋文・序錄》著錄《想余注》二卷，並注云：「不詳何人，一云張魯，或云劉表。魯字公旗，沛國豐人，漢鎮南將軍、關內侯。」但「余」疑為「尒」形近之誤，又「尒」為「爾」之古體，故「想余」疑即「想爾」。又或由於劉表封「鎮南將軍」，而張魯亦曾封「鎮南將軍」，致使後人分不清楚是哪一個「鎮南將軍」，但陸德明特別介紹張魯，應是認為作者為張魯的可能性較大。

13. 《老子注》，二卷。佚。東漢，湘撰。

　　著錄：《舊唐書・經籍志》。

　　案：「湘」疑即「想爾」殘字之訛。

14. 《老子注》，不著卷數。佚。東漢，馬融撰。

　　著錄：錢大昭《補續漢書藝文志》。

　　　　　侯康《補後漢書藝文志》、顧櫰三《補後漢書藝文志》、姚振宗《後漢藝文志》、曾樸《補後漢書藝文志》。

15. 《老子注》，不著卷數。佚。東漢，鄭玄撰。

　　著錄：曾樸《補後漢書藝文志》（鄭康成）。

　　案：鄭玄，字康成。曾氏原作「鄭康成」。

〔註17〕張陵字道陵，釋法琳《辯正論》曾引其注曰：「道可道者，謂朝食美也；非常道者，言暮成屎也。」語甚不經。

〔註18〕如饒宗頤考證認為：《想爾注》雖成於系師張魯之手，但託始於張陵。（參見饒宗頤：《老子想爾注校證》（上海：上海古籍出版社，1991年），頁131。）

〔註19〕索洞玄本列伯希和目2584號。

〔註20〕參考饒宗頤：《老子想爾注校證》（上海：上海古籍出版社，1991年）。

16. 《老子注》，不著卷數。佚。東漢，楊孚撰。

> 案：見范應元《老子道德經古本集註》之所引。原書已佚，今有蒙文通《道書輯校十種・晉唐〈老子〉古注四十家輯存》輯佚。考漢章帝時有楊孚者官拜議郎，不知是否為此《老子注》之作者，故將此楊孚《老子注》暫附於兩漢之屬。

17. 《老子注》，不著卷數。佚。東漢，李奇撰。

> 案：見范應元《老子道德經古本集註》之所引。原書已佚，今有蒙文通《道書輯校十種・晉唐〈老子〉古注四十家輯存》輯佚。考顏師古注《漢書》引李奇，而《後漢書》中也有李奇，故將此李奇《老子注》暫附於兩漢之屬。

以上兩漢

以上先秦兩漢合計十七部，其中存者三部，殘存一部，佚者十三部。

先秦兩漢傳注類的老學著作，尚存的有韓非之〈解老〉、〈喻老〉，河上公之《老子注》；殘存的一部為《老子想爾注》。

歷代解老者，以韓非之〈解老〉、〈喻老〉為最古之作。《韓非子・解老》所釋之經文並非全部，斷章解說要旨，多有獨見。而《韓非子・喻老》所取之經文亦非全部，斷章以史事喻老氏之說。

黃老道家注重養生之道，而河上公之《老子注》中關於養生的論述不少〔註21〕，且其將「谷神不死」說成是「養神不死」〔註22〕，是其養生論的進一步發揮。而《老子想爾注》則是一部用宗教觀點解釋《老子》的著作，其將《老子》的「道」改造成人間的主宰〔註23〕，亦使老子成為道教的神〔註24〕，並試圖將道教凌駕於儒學之

〔註21〕 王明〈老子河上公章句考〉將之歸納成呼吸行氣、愛精氣、養神、除情欲等幾個方面加以論述。例如，《河上公章句》認為治身的方法在於「呼吸精氣，無令耳聞」和「專守精氣，使之不亂，則形體能應之而柔順」，這就與道教養生術中所講的吐納食氣法相似。再者，它還認為長生的方法關鍵在於固守其精氣，它說：「言人能抱一使不離於身則長存，一者道始所生太和之精氣也」，又說：「人能保身之道，使精氣不勞，五神不苦，則可以長久。」（第十章注）（參見王明：《道家和道教思想研究》，北京：中國社會科學出版社，1984年。）

〔註22〕 《河上公章句》於《老子》第六章「谷神不死」之下注云：「谷，養也，人能養神則不死也。神謂五藏之神也：肝藏魂，肺藏魄，心藏神，腎藏精，脾藏志。五藏盡傷，則五神去矣。」

〔註23〕 《老子》第十四章「是謂無狀之狀，無物之象」，《想爾注》云：「道至尊，微而隱，無狀貌形像也，但可從其誡，不可見知也。」《老子》第三十五章「執大象，天下往」，《想爾注》云：「道尊且神，終不聽人。」

上〔註25〕。

　　《後漢書・馬融傳》記載馬融曾爲《老子》作注，其「以義理解經」的方式，創造了一種新的學術風氣。兩漢學術（主要是指儒家經學）的發展有兩個弊端：一是空守章句師說以至繁瑣迂闊〔註26〕；二是經學與陰陽五行災異之說緊密結合，援天道證人事以至荒誕不經〔註27〕。東漢後期，儒家經學由於上述弊端而走進了死胡同，故至少從馬融開始，學者們在注釋儒學經典的時候，已逐漸拋棄擯落漢儒注經的糟粕（即章句、讖緯之類），出現了以義理解經的趨勢。隨後，馬融的高足盧植以及鄭玄予以繼承，發揚光大，使「以義理解經」成了儒經注釋的主要方式。〔註28〕

第三節　通論類

1. 《說老子》，四篇。佚。西漢，劉向撰。

　　著錄：《漢書・藝文志》。

2. 《老子指趣》，三卷。佚。西漢，毋丘望之撰。

　　著錄：《隋書・經籍志》。

　　　《舊唐書・經籍志》（安丘望之《老子道德經指趣》四卷）、《新唐書・藝文志》（安丘望之《道德經指趣》三卷）、《通志》（母邱望之）、姚振宗《漢書藝文志拾補》。

〔註24〕《老子》第十章「載營魄抱一，能無離乎？」《想爾注》云：「一散形爲氣，聚形爲太上老君，常治昆侖」，此即道教「一氣化三清」之濫觴。「一」就是「道」，可以化聚爲有形之「太上老君」，這樣「道」就人格化，成爲有意識的、能主宰一切的「神」，而老子也就成爲道教的最高神了。

〔註25〕《老子》第二十一章「孔德之容，唯道是從」，《想爾注》云：「道甚大，教孔丘爲知；後世不信道文，但上孔書，以爲無上；道故明之，告後賢。」

〔註26〕《漢書・藝文志》曰：「後世經傳既已乖離，博學者又不思多聞闕疑之義，而務碎義逃難，便辭巧說，破壞形體；說五字之文，至於二三萬言。」時至東漢，此風更烈，《後漢書・鄭玄傳》論曰：「及東京，學者亦各名家，而守文之徒，滯固所稟，異端紛紜，互相詭激，遂令經有數家，家有數說，章句多者或乃百餘萬言，學徒勞而少功，後生疑而莫正。」

〔註27〕梁啓超在〈陰陽五行說之來歷〉（載於《古史辨》第五冊（上海：上海古籍出版社，1982年重印本）。）中歸納說：「（董）仲舒以儒學大師而態度如此，故一時經學家皆從風而靡。仲舒自以此術治《春秋》，京房、焦贛之徒以此術治《易》，夏侯勝、李尋之徒以此術治《書》，翼奉、眭孟之徒以此術治《詩》，王史氏之徒以此術治《禮》。」漢光武帝迷信讖緯，故中興之後，「儒者爭學圖緯，兼復附以妖言」（見《後漢書・張衡傳》），致使儒家經學的注解更加荒誕不經。

〔註28〕參見熊鐵基、馬良懷、劉韶軍：《中國老學史》（福州：福建人民出版社，1995年），頁216～217。

3. 《老子指歸》，十三卷。殘存。西漢，嚴遵撰。

　　著錄：陸德明《經典釋文》（十四卷）。

　　　　《隋書・經籍志》（十一卷）、杜光庭《道德眞經廣聖義・序》（十四卷）、《舊唐書・
　　　　經籍志》（十四卷）、《新唐書・藝文志》（十四卷）、《崇文總目》、《通志》（十一卷）、《文
　　　　獻通考》（嚴君平）、《宋史・藝文志》、《道藏目錄詳註》（《道德眞經指歸》）、《四庫全
　　　　書總目提要》（《道德指歸論》，六卷）、錢大昭《補續漢書藝文志》（十一卷）、姚振宗
　　　　《漢書藝文志拾補》（十四卷）。

　　案：嚴遵，字君平，原姓「莊」，班固作《漢書》避明帝諱，更之爲「嚴」。
　　　　《文獻通考》原作「嚴君平」。

　　　　《老子指歸》，嚴遵撰，谷神子注。殘本見《正統道藏》之《道德眞經指
　　　　歸》〔註29〕、《道德經名注選輯》景印明刊《秘籍彙函》本（國立中央
　　　　圖書館藏）、《無求備齋老子集成初編》景印明代汲古閣刊《津逮秘書》
　　　　本。今有蒙文通《道書輯校十種》輯佚。

　　　　《道藏》本嚴遵《道德眞經指歸》十三卷，書題「谷神子注」，每句下有
　　　　簡單注文，晁公武疑即唐時人馮廓之《老子指歸》〔註30〕。依《道藏》
　　　　本，原十三卷僅存七卷，自第七卷至第十三卷止，屬於下篇〈德經〉。
　　　　蔣錫昌辨證認爲《正統道藏》本之殘卷乃爲晁公武所見之舊，並非所
　　　　謂由明末人僞作〔註31〕。嚴靈峰亦考辨認爲其殘卷並非僞書，但其書
　　　　前之谷神子〈序〉及君平〈說目〉均疑僞誤〔註32〕。

4. 《匡老子》，不著卷數。佚。東漢，劉陶撰。

　　著錄：侯康《補後漢書藝文志》。

〔註29〕現存殘篇諸種，以《道藏》本早出，近人蔣錫昌已辨證《道藏》本之殘卷不是僞書
　　　　（見《老子校詁》）。另外，《道藏》中前蜀強思齊《道德眞經玄德纂疏》，幾乎全部
　　　　收輯了嚴遵的《老子指歸》。再者，《道藏》中宋李霖《道德眞經取善集》、宋陳景元
　　　　《道德眞經藏室纂微篇》及《道藏》外宋范應元《道德經古本集注》等，引用了《老
　　　　子指歸》。若將上述幾種輯校，當可獲《老子指歸》完璧。谷神子疑即唐時人馮廓。
　　　　（參見朱越利：《道藏分類解題》（北京：華夏出版社，1996年），頁4。）
〔註30〕晁公武《郡齋讀書志》云：「《唐志》有嚴遵《指歸》十四卷，馮廓注《指歸》十三卷，
　　　　此本有序、注，而題谷神子，疑即廓也。」
〔註31〕蔣錫昌辨證云：「《道藏》本及舊抄本皆即晁氏所見之本。惟晁氏猶見其全，而《道藏》
　　　　與舊抄本並缺前之六卷。……並非如曹學佺《元羽外編・序》所謂全由明末人僞作
　　　　也。」（參見蔣錫昌：《老子校詁》（臺北：東昇出版社，1980年）之參考書目，頁9。）
〔註32〕參見嚴靈峰：〈辨嚴遵《道德指歸論》非僞書〉（嚴遵《道德指歸論》書前附錄，《無
　　　　求備齋老子集成初編》第一函）。

　　　　姚振宗《後漢藝文志》、曾樸《補後漢書藝文志》。

　　　案：姚振宗《後漢藝文志》云：「范書本傳：『陶著書數十萬言，又作《匡老子》』。惠棟補注曰：『陶著書匡老子之失』。」此書乃「匡老子之失」，是爲論述之書，而非校勘之書，故置於通論類。

以上兩漢

　　以上先秦兩漢合計四部，其中殘存一部，佚者三部。

　　先秦兩漢通論類的老學著作，僅殘存的一部爲嚴遵的《老子指歸》。

　　通論類的老學著作，最早見於著錄的是劉向《說老子》四篇，其見錄於《漢書·藝文志》，但因佚而不見，至今無從可考。而劉向所編之《說苑》、《新序》均有述《老子》語，或許能藉此略窺其說之一二。

　　嚴遵《老子指歸》，又名《道德指歸論》，雖說爲西漢之作，但卻不見《漢書·藝文志》著錄，《漢書》僅云其依《老子》、《莊子》之指，著書十餘萬言〔註33〕。是否爲僞書，仍待學界查考。雖僅存七卷，但從殘卷中，仍可見其演化陰陽之妙。《道德指歸論·說目》亦云，其分章七十又二，乃配陰陽而來〔註34〕。從體例上看，嚴遵的每一篇論述都緊扣「道德」二字，且多以「道德」爲論述之開頭〔註35〕，將天地間一切事物「指歸」於「道德」，又對「道德」之「指歸」有所論述〔註36〕。全書以玄虛爲宗，原本形氣，明性命之始，參天地陰陽之變化，窮微極妙，以覩自然變化〔註37〕。

　　《舊唐書·經籍志》與《新唐書·藝文志》尚著錄《南華眞人道德論》三卷，雖爲「論道德」之作，但因標明「南華眞人」（莊子），故於此不予探錄。

〔註33〕《漢書·王貢兩龔鮑傳》云：「蜀有嚴君平，皆修身自保，非其服弗服，非其食弗食。成帝時，元舅大將軍王鳳以禮聘子眞，子眞遂不詘而終。君平卜筮於成都市，……裁日閱數人，得百錢足自養，則閉肆下簾而授老子。博覽亡不通，依老子、嚴周之指著書十餘萬言。楊雄少時從遊學，……」

〔註34〕《道德指歸論·說目》：「莊子曰：昔者老子之作也，變化所由，道德爲母，效經列首，天地爲象；上經配天，下經配地，陰道八，陽道九，以陰行陽，故七十有二首；以陽行陰，故分爲上下，以五行八，故上經四十而更始，以四行八，故下經三十有二而終矣。」

〔註35〕例如《老子指歸》卷十二，「言甚易知」以「夫無形無聲而使物自然者，道與神也」爲開頭；「知不知」以「道德之教自然是也」爲開頭；「民不畏威」以「道德之旨」爲開頭；「勇敢」以「天地之道」爲開頭。

〔註36〕參見熊鐵基、馬良懷、劉韶軍：《中國老學史》（福州：福建人民出版社，1995年），頁171。

〔註37〕參見嚴靈峰：《周秦漢魏諸子知見書目》（北京：中華書局，1993年再版），第一冊，頁7。

第四節　專論類

1. 《淮南子‧原道》，一卷。存。西漢，劉安撰。

　　著錄：《漢書‧藝文志》（《淮南道訓》二篇）。

2. 《淮南子‧道應》，一卷。存。西漢，劉安撰。

　　著錄：《漢書‧藝文志》（《淮南道訓》二篇）。

　　案：《漢書‧藝文志》著錄《淮南道訓》二篇。所謂二篇者，即〈原道〉與
　　　　〈道應〉。

以上兩漢

　　以上先秦兩漢合計二部，二部皆存。

　　先秦兩漢專論類的老學著作，僅有的兩篇為《淮南子‧原道》與《淮南子‧道
應》。而專論類的老學著作，亦是這兩篇最早見於著錄。

　　《淮南子》二十篇中，以〈原道〉為首，全篇雖僅一處引「老聃曰」，但大抵雜
引《老子》之文以說明道體。〈原道〉為《淮南子》全書發明立言之本，闡述「道」
的本質特徵，說明道為天地萬物之本。而《淮南子‧道應》頗類《韓非‧喻老》，雜
徵史事以證老子道德之言，亦即已驗之事，皆與昔之道德之言相應，故題曰「道應」
〔註38〕。〈道應〉全篇每節之末，皆引《老子》之文證之，凡引五十三處。

第五節　校勘類

1. 《老子》，二篇。佚。西漢，劉向校。

　　案：謝守灝《混元聖紀》（《正統道藏》本）卷三云：「按劉歆《七略》：『劉
　　　　向讎校中老子書二篇，太史書一篇，臣向書二篇，凡中外書五篇，一百
　　　　四十二章。除複重三篇六十二章，定著二篇八十一章。上經第一，三十
　　　　七章；下經第二，四十四章。』此則校理之初，篇章之本者也。但不知
　　　　刪除是何文句，所分章何處。為限中書與向書俱云二篇，則未校之前已
　　　　有定本。」

以上兩漢

〔註38〕《淮南子‧要略》云：「〈道應〉者，攬掇邃事之蹤，追觀往古之跡，察禍福利害之反，
　　　　考驗乎老、莊之術，而以合得失之勢者也。」

　　以上先秦兩漢合計一部，已佚。

　　先秦兩漢校勘類的老學著作，僅有劉向校定《老子》一部，但已佚而不見。

　　查考目前之文獻，最早校勘《老子》者，即西漢之劉向。但劉向校讐《老子》一事，只見於《混元聖紀》轉引。所謂校勘者，乃爲解決衍文、漏字、誤字、別字和錯簡等問題。劉向之校讐，乃屬篇章之校理。

　　以上先秦兩漢之老學著作合計二十九部，其中存者五部，殘存七部，佚者十七部。

第三章　魏晉之老子學

　　玄學的開創者是何晏，為其建立理論體系的是王弼。何晏與王弼的「貴無派」是玄學中的主流。何晏、王弼把《老子》「天下萬物生於有，有生於無」〔註1〕的「宇宙生成說」，進一步地發展成以「無」為本、以「有」為末的「本體論」哲學。他們在創立玄學的過程中，從眾多的傳統典籍中挑出了兩本書為之作注，以此來建立自己的玄學理論體系。這兩本書中，一本是《周易》，而另一本便是《老子》。

　　何晏著有《道德論》，王弼著有《老子注》，兩書都是玄學的代表著作。尤其是王弼的《老子注》，它在歷史上具有深遠的影響。魏晉士人在高度抽象思辨的層面上，雖存在著種種分歧，但是其理論來源和所依據的基本文本，則無多大差異，那就是所謂的「三玄」：《周易》、《老子》和《莊子》。魏晉士人於老、莊思想中尋找理論依據，由此而使老、莊思想成了時代的顯學。

　　魏晉之世，是佛老並行之時。我國多數的傳統學說均以具體的經驗與知識，來建立思想體系，但《老子》卻大多屬於抽象的概念〔註2〕，於是僧人們在將印度佛經翻譯成中文的時候，為了便於人們接受和傳播，往往藉《老子》具有高度抽象性質的概念來進行翻譯〔註3〕。而僧人們在闡釋佛教思想的時候，往往也自覺或不自覺地借用了老學的理論〔註4〕，實際上，在僧肇的佛教論著中，是可以經常見到老學的印記的〔註5〕。後趙之僧人佛圖澄、後秦鳩摩羅什及其弟子僧肇均曾作《老子

〔註1〕《老子》第四十章：「反者道之動，弱者道之用。天下萬物生於有，有生於無。」
〔註2〕諸如「道」、「名」、「有」、「無」、「一」、「眾」、「物」、「象」、「動」、「靜」、「虛」、「實」之類。
〔註3〕當時的著名佛經翻譯家如竺叔蘭、道安、鳩摩羅什等，幾乎無一例外。
〔註4〕如著名高僧道安、支道林、僧肇等，均是如此。慧遠、僧肇等人早年都曾熟讀過《老子》五千文，因此在他們獻身佛教事業之後，仍然受到老學的影響。道安作《安般經大小比要鈔序》以道解佛，則時有「格義」之名。
〔註5〕梁慧皎《高僧傳·僧肇傳》記載，僧肇撰著《涅槃無名論》後，曾向後秦皇帝姚興

注》，擅以佛解老，而由魏晉三玄及佛老之流的《老子注》，亦足以側觀老學與易學、佛學概念重疊之所在。

魏晉時期之老學著作，就內容及主旨而言，參考蕭天石之分類，大致上有演化派、玄學派、佛學派、音義派〔註6〕。而本文針對著作之形式來分類，大體上可別爲正文、傳注、義疏、音義、通論、專論等六類。

第一節　正文類

1. 《老子道德經》，一卷。佚。東晉，王羲之書。

　　著錄：《世善堂書目》。

　　　案：即《換鵝帖》，梁虞龢《論書表》及《晉書》俱載此事〔註7〕，唯虞龢《論
　　　　　書表》云「寫河上公《老子》」，而《晉書》作「寫《道德經》」〔註8〕。
　　　　　上海藝苑眞賞社影印《太上玄元道德經》所據拓本，卷首右上方題「太
　　　　　上玄元道德經」，下方署「晉右軍王羲之書」，卷末附貞觀十五年褚遂良
　　　　　跋〔註9〕，稱宋拓王本。但唐高宗乾封元年始追號老子爲「太上玄元皇
　　　　　帝」〔註10〕，故嚴靈峰考證認爲：此拓本確爲贗品，實應爲趙孟頫所作

　　　　上表曰：「肇聞天得一以清，地得一以寧，君王得一以治天下。伏惟陛下睿哲欽明，
　　　　道與神會，妙契環中，理無不統。故能游刃萬機，弘道終日。咸被蒼生，垂文作範。
　　　　所以域中有四大，王居一焉。……」其中「天得一以清」句見《老子》三十九章，「域
　　　　中有四大」句見《老子》二十五章。

〔註6〕玄學派：又稱重玄派。此派以虛極玄妙，宗法自然無爲，洞明陰陽，會通老易；徹
　　　　造化之原，達天人之際，重暢玄風爲宗。
　　　　佛學派：又稱禪理派。此派以本諸佛理禪義，援佛入道，因道弘佛，明心見性，徹
　　　　事理因果之道，契於即有即無，非有非無，並通三家而會參，冀徹了根宗爲本旨。
　　　　演化派有葛仙翁、陸修靜等人；玄學派有何晏、王弼、阮籍、鍾會、羊祜、郭象等
　　　　人；佛學派有佛圖澄、鳩摩羅什、僧肇等人；李軌爲音義派。
　　　　（參見蕭天石：《道德經名注選輯七·序》（臺北：中國子學名著集成編印基金會，《中
　　　　國子學名著集成》第52）。）
〔註7〕《書苑英華》、《雲谷雜記》並引梁虞龢《論書表》曰：「山陰縣釀村養鵝道士謂羲之
　　　　曰：『久欲寫河上公《老子》，縑素早辦，無人能書。』府君自屈書道德二章。」
〔註8〕《晉書》王羲之本傳作「寫《道德經》」，應當是房玄齡修《晉書》時改之。
〔註9〕褚遂良跋曰：「右《道德經》爲王羲之遺山陰劉道士書，道士以鵝群獻右軍者，是也。
　　　　歷宋齊梁陳四朝，今入秘府，遂良備員內省，因得側觀，敬記其後。貞觀十五年三
　　　　月廿八日諫議大夫知起居注褚遂良書。」
〔註10〕《新唐書·高宗本紀》：「（乾封元年）二月己未，如亳州，祠老子，追號太上玄元皇
　　　　帝。」

〔註11〕。

2. 《張鎮南古本道德經》，二篇。佚。東晉，楊羲書。

案：張鎮南即張魯，東漢時人，曾任鎮南將軍。元劉大彬《茅山志》卷九中
《道山冊》謂：「按《登真隱訣》隱居云：《老子道德經》有玄都楊真人
手書張鎮南古本。鎮南即漢天師第三代系師魯，魏武表為鎮南將軍者也。
其所謂《五千文》者有五千字也。數系師內徑有四千九百九十九字，由
來闕一。是作三十幅應作卅幅，蓋從省文耳，非正體也。宗門真迹不存。
今傳《五千文》本上下二篇，不分章。」然上引文一段不見於今本《登
真隱訣》。

以上晉

以上魏晉合計二部，二部皆佚。

魏晉時期正文類的老學著作，僅收得王羲之與楊羲手書之《道德經》。

王羲之所書《道德經》一般認為即是《換鵝帖》，但清代趙紹祖卻認為《換鵝帖》
應指《黃庭經》而非《道德經》〔註12〕。《換鵝帖》一事，虞龢《論書表》及《晉
書》俱載之。虞龢〔註13〕距王羲之時代較近，其記述應為可信。故王羲之書《老子》
一事，當確實有之。

第二節　傳注類

1. 《老子訓》，不著卷數。佚。魏，鍾繇撰。
著錄：侯康《補三國藝文志》。

〔註11〕無求備齋藏有上海藝苑真賞社所據拓本，及元大德十一年趙孟頫書拓本。嚴靈峰考證
云：「淺人不知唐高宗乾封元年始追號老子為『太上玄元皇帝』，竟以元大德十一年
趙孟頫所書《太上玄元道德經》改頭換面為之。經加詳校，確係贗品無疑。書賈貪
利欺人，殊可恨也！」（參見嚴靈峰：《周秦漢魏諸子知見書目》（北京：中華書局，
1993年再版），第一冊，頁27。）

〔註12〕清趙紹祖《古墨齋金石跋》云：「按：遂良曾錄晉右軍王羲之書目，首《正書部》五
卷，無《道德經》，其第二《黃庭經》下注云：『六十行與山陰道士。』遂良既以《黃
庭》為與道士，豈復以此書為遺道士也？且云：『備員側觀，謹記其後。』而何得不
收之《正書部》內也。」（參見嚴靈峰：《周秦漢魏諸子知見書目》（北京：中華書局，
1993年再版），第一冊，頁26。）（按：趙紹祖云：「豈復以此書為遺道士也？」所
謂「此書」者，乃指《道德經》。）

〔註13〕虞龢，梁末人，入陳，為中書郎，廷尉。

姚振宗《三國藝文志》。

2. 《老子注》，二卷。佚。**魏**，虞翻撰。

　　著錄：陸德明《經典釋文・序錄》。

　　　　《隋書・經籍志》、侯康《補三國藝文志》、顧櫰三《補後漢書藝文志》、姚振宗《三國藝文志》。

3. 《老子道德經節解》，二卷。佚。**魏**，葛玄撰。

　　著錄：《宋史・藝文志》。

　　案：原書已佚，今有嚴靈峰《無求備齋老子集成初編》輯校。此葛玄《老子道德經節解》僅見《宋史・藝文志》著錄，而不見於其它史志。《隋書・經籍志》、《舊唐書・經籍志》、《新唐書・藝文志》雖著錄《老子節解》二卷，但均不著撰人。故疑此書與其它史志不著撰人之《老子節解》乃為同一著作。（本論文將不著撰人之《老子節解》置於第四章（南北朝）第一節（傳注類）。）

4. 《老子注》，二卷。存。**魏**，王弼撰。

　　著錄：陸德明《經典釋文・序錄》。

　　　　《隋書・經籍志》、杜光庭《道德眞經廣聖義・序》、《舊唐書・經籍志》(王弼注《玄言新記道德》)、《新唐書・藝文志》(王弼注《新記玄言道德》)、《崇文總目》(一卷)、《通志》、《宋史・藝文志》、《道藏目錄詳註》(四卷)、《四庫全書總目提要》、侯康《補三國藝文志》、顧櫰三《補後漢書藝文志》、姚振宗《三國藝文志》。

　　傳本：《正統道藏》、《無求備齋老子集成初編》景印清代黎庶昌刊《古逸叢書》本。

　　案：《崇文總目》云：「《道德經》一卷，原釋王弼注。……《唐志》作王弼注《新記玄言道德》。」但顧櫰三《補後漢書藝文志》卻著錄：「王弼《玄言新記》二卷、《道德經注》二卷。」暫依《崇文總目》將王弼注《新記玄言道德》與王弼《老子注》視為一書。坊本之經、注皆有訛誤竄亂，已非其舊，今有蒙文通《道書輯校十種・晉唐〈老子〉古注四十家輯存》錄其唐、宋時人所見者，以供校核。

5. 《玄言新記道德》，二卷。佚。**魏**，王肅撰。

　　著錄：《新唐書・藝文志》。

　　　　《通志》、侯康《補三國藝文志》、姚振宗《三國藝文志》。

6. 《老子注》，不著卷數。佚。**魏**，阮咸撰。

　　案：見范應元《老子道德經古本集註》之所引。

7. 《老子義》，不著卷數。佚。**魏**，荀融撰。

　　著錄：侯康《補三國藝文志》《論老子義》。

　　　　　姚振宗《三國藝文志》。

8. 《老子注》，二卷。佚。**魏**，鍾會撰。

　　著錄：陸德明《經典釋文·序錄》。

　　　　　《隋書·經籍志》、杜光庭《道德眞經廣聖義·序》、《舊唐書·經籍志》、《新唐
　　　　　書·藝文志》、《通志》、侯康《補三國藝文志》、顧櫰三《補後漢書藝文志》、
　　　　　秦榮光《補晉書藝文志》、姚振宗《三國藝文志》。

　　案：原書已佚，今有蒙文通《道書輯校十種·晉唐〈老子〉古注四十家輯存》
　　　　輯佚。

9. 《老子訓注》，不著卷數。佚。**魏**，董遇撰。

　　著錄：侯康《補三國藝文志》。

　　　　　顧櫰三《補後漢書藝文志》、姚振宗《三國藝文志》《老子訓》。

　　案：原書已佚，今有蒙文通《道書輯校十種·晉唐〈老子〉古注四十家輯存》
　　　　輯佚。

10. 《老子注訓》，二卷。佚。**魏**，范望撰。

　　著錄：陸德明《經典釋文·序錄》(范望州)。

　　　　　姚振宗《三國藝文志》。

　　案：陸德明《經典釋文·序錄》「范望州」之「州」字疑有譌衍。

11. 《老子注》，不著卷數。佚。**魏**，張揖撰。

　　著錄：侯康《補三國藝文志》。

　　　　　姚振宗《三國藝文志》。

12. 《老子注》，二卷。佚。**魏**，孟氏撰。

　　著錄：陸德明《經典釋文·序錄》(孟子)。

　　　　　《隋書·經籍志》、侯康《補三國藝文志》(孟子)、文廷式《補晉書藝文志》、黃
　　　　　逢元《補晉書藝文志》、秦榮光《補晉書藝文志》、姚振宗《三國藝文志》(孟
　　　　　子)、吳士鑑《補晉書經籍志》。

　　案：陸德明《經典釋文·序錄》注云：「或云孟康」。

以上魏

13. 《老子注》，二卷。佚。西晉，羊祜撰。

著錄：《舊唐書・經籍志》。

《新唐書・藝文志》、《通志》、丁國鈞《補晉書藝文志》、黃逢元《補晉書藝文志》、秦榮光《補晉書藝文志》、吳士鑑《補晉書經籍志》。

案：原書已佚，今有蒙文通《道書輯校十種・晉唐〈老子〉古注四十家輯存》輯佚。

14. 《老子解釋》，四卷。佚。西晉，羊祜撰。

著錄：陸德明《經典釋文・序錄》。

《隋書・經籍志》（二卷）、杜光庭《道德眞經廣聖義・序》（注爲四卷）、《舊唐書・經籍志》、《新唐書・藝文志》、《通志》、丁國鈞《補晉書藝文志》（二卷）、文廷式《補晉書藝文志》（二卷）、黃逢元《補晉書藝文志》（二卷）、秦榮光《補晉書藝文志》（二卷）、吳士鑑《補晉書經籍志》。

案：《舊唐書・經籍志》：「《老子》二卷，羊祜注。」並有「《老子解釋》四卷，羊祜撰。」但《隋書・經籍志》僅著錄：「梁有《老子道德經》二卷，晉太傅羊祜解釋。」在此《隋書・經籍志》之所指，不知是《舊唐書・經籍志》之羊祜《老子注》二卷，抑或是羊祜《老子解釋》四卷？今暫將之視爲羊祜之《老子解釋》。

15. 《老子道德簡要義》，五卷。佚。西晉，皇甫謐撰。

著錄：《舊唐書・經籍志》（玄景先生）。

《新唐書・藝文志》（玄景先生）、《通志》（玄景先生）、吳士鑑《補晉書經籍志》（玄景先生）。

案：皇甫謐，自號「玄晏先生」。各史志原作「玄景先生」。吳士鑑《補晉書經籍志》注云：「《舊唐志》作玄景先生，注玄景當爲玄晏之訛，皇甫謐所作也。」

16. 《老子注》，二卷。佚。西晉，傅玄撰。

著錄：秦榮光《補晉書藝文志》。

17. 《老子注》，不著卷數。佚。西晉，杜預撰。

案：見焦竑《老子翼・附錄》之所引。杜預，字元凱。焦氏原作「杜元凱」。

18. 《老子注》，不著卷數。佚。西晉，郭象撰。

　　著錄：杜光庭《道德眞經廣聖義‧序》。

　　　　　文廷式《補晉書藝文志》。

　　案：原書已佚，今有蒙文通《道書輯校十種‧晉唐〈老子〉古注四十家輯存》

　　　　輯佚。

19. 《老子注》，不著卷數。佚。西晉，鄭隱撰。

　　案：鄭隱，字思遠。《宋史‧藝文志》原作「鄭思遠」。

　　　　《宋史‧藝文志》著錄：「谷神子註經《諸家道德經疏》」，並注曰：「河

　　　　上公、葛仙公、鄭思遠、睿宗、玄宗疏」，是以當有鄭思遠之《老子注》。

20. 《老子注》，二卷。佚。西晉，范長生撰。

　　著錄：陸德明《經典釋文‧序錄》(蜀才)。

　　　　　《隋書‧經籍志》(蜀才)、《舊唐書‧經籍志》(蜀才)、《新唐書‧藝文志》(蜀才)、

　　　　　《通志》(蜀才)、丁國鈞《補晉書藝文志》(蜀才)、文廷式《補晉書藝文志》(蜀才)、

　　　　　黃逢元《補晉書藝文志》(蜀才)、秦榮光《補晉書藝文志》(蜀才)、吳士鑑《補晉

　　　　　書經籍志》(蜀才)。

　　案：范長生，字蜀才。各史志原作「蜀才」。

21. 《老子注》，不著卷數。佚。西晉，郭璞撰。

　　著錄：文廷式《補晉書藝文志》。

　　　　　吳士鑑《補晉書經籍志》。

22. 《老子注》，二卷。佚。東晉，佛圖澄撰。

　　著錄：杜光庭《道德眞經廣聖義‧序》。

23. 《老子道德經節解》，一卷。佚。東晉，葛洪撰。

　　著錄：吳士鑑《補晉書經籍志》。

　　案：《宋史‧藝文志》著錄葛玄《老子道德經節解》二卷。葛洪爲葛玄之從

　　　　孫，祖孫是否眞有同名之作？暫存疑。

24. 《老子注》，二卷。佚。東晉，袁真撰。

　　著錄：陸德明《經典釋文‧序錄》。

　　　　　《隋書‧經籍志》、《舊唐書‧經籍志》、《新唐書‧藝文志》、《通志》、丁國鈞《補

　　　　　晉書藝文志》、文廷式《補晉書藝文志》、黃逢元《補晉書藝文志》、秦榮光《補

　　　　　晉書藝文志》、吳士鑑《補晉書經籍志》。

25. 《老子注》，二卷。佚。東晉，張憑撰。

    著錄：陸德明《經典釋文·序錄》。

    《隋書·經籍志》、杜光庭《道德眞經廣聖義·序》（四卷）、《舊唐書·經籍志》、《新唐書·藝文志》、《通志》、丁國鈞《補晉書藝文志》、文廷式《補晉書藝文志》、黃逢元《補晉書藝文志》、秦榮光《補晉書藝文志》、吳士鑑《補晉書經籍志》。

    案：原書已佚，今有蒙文通《道書輯校十種·晉唐〈老子〉古注四十家輯存》輯佚。

26. 《老子注》，不著卷數。佚。東晉，鄧粲撰。

    著錄：丁國鈞《補晉書藝文志》。

    文廷式《補晉書藝文志》、黃逢元《補晉書藝文志》、秦榮光《補晉書藝文志》、吳士鑑《補晉書經籍志》。

27. 《老子注》，不著卷數。佚。東晉，劉黃老撰。

    著錄：丁國鈞《補晉書藝文志》。

    文廷式《補晉書藝文志》、黃逢元《補晉書藝文志》、秦榮光《補晉書藝文志》、吳士鑑《補晉書經籍志》。

28. 《老子注》，不著卷數。佚。東晉，韓伯撰。

    案：見范應元《老子道德經古本集註》之所引。韓伯，字康伯。范氏原作「韓康伯」。

29. 《老子注》，二卷。佚。東晉，鳩摩羅什撰。

    著錄：杜光庭《道德眞經廣聖義·序》。

    《舊唐書·經籍志》、《新唐書·藝文志》、《通志》、丁國鈞《補晉書藝文志》、文廷式《補晉書藝文志》、黃逢元《補晉書藝文志》、秦榮光《補晉書藝文志》、吳士鑑《補晉書經籍志》。

    案：原書已佚，今有蒙文通《道書輯校十種·晉唐〈老子〉古注四十家輯存》輯佚。

30. 《老子注》，四卷。佚。東晉，僧肇撰。

    著錄：杜光庭《道德眞經廣聖義·序》

    案：原書已佚，今有蒙文通《道書輯校十種·晉唐〈老子〉古注四十家輯存》輯佚。

31. 《老子注》，二卷。佚。東晉，王尚述撰。

　　著錄：陸德明《經典釋文・序錄》(王尚《述》)。

　　　　《隋書・經籍志》、《舊唐書・經籍志》(王尚)、《新唐書・藝文志》(王尚)、《通志》(王尚楚)、丁國鈞《補晉書藝文志》、文廷式《補晉書藝文志》、黃逢元《補晉書藝文志》、秦榮光《補晉書藝文志》、吳士鑑《補晉書經籍志》。

　　案：歷來對此書之作者名爲「王尚述」抑或「王尚」各有不同之看法，《隋書・經籍志》云：「梁有王尚述注二卷，亡」，而《舊唐書》、《新唐書》均著錄「王尚注」。今依丁國鈞等人之看法，作者之名暫定爲「王尚述」。原書已佚，今有蒙文通《道書輯校十種・晉唐〈老子〉古注四十家輯存》輯佚。

32. 《老子集解》，二卷。佚。東晉，程韶撰。

　　著錄：陸德明《經典釋文・序錄》。

　　　　《隋書・經籍志》、《舊唐書・經籍志》、《新唐書・藝文志》、《通志》、丁國鈞《補晉書藝文志》、文廷式《補晉書藝文志》、黃逢元《補晉書藝文志》、秦榮光《補晉書藝文志》、吳士鑑《補晉書經籍志》。

33. 《老子注》，不著卷數。佚。東晉，陳韶撰。

　　案：見范應元《老子道德經古本集註》之所引。疑「陳」乃「程」之誤，程韶撰有《老子集解》二卷。

34. 《老子注》，二卷。佚。東晉，裴處恩撰。

　　著錄：杜光庭《道德眞經廣聖義・序》(裴楚恩)。

　　　　晁公武《郡齋讀書志》。

　　案：李霖《道德眞經取善集》與晁公武均作「裴處恩」，但杜光庭作「裴楚恩」。原書已佚，今有蒙文通《道書輯校十種・晉唐〈老子〉古注四十家輯存》輯佚。

35. 《老子注》，二卷。佚。東晉，孫登撰。

　　著錄：陸德明《經典釋文・序錄》(《集注》)。

　　　　《隋書・經籍志》、杜光庭《道德眞經廣聖義・序》、《舊唐書・經籍志》、《新唐書・藝文志》、《通志》、丁國鈞《補晉書藝文志》、文廷式《補晉書藝文志》、黃逢元《補晉書藝文志》、秦榮光《補晉書藝文志》、吳士鑑《補晉書經籍志》。

　　案：杜光庭《道德眞經廣聖義・序》云：「隱士孫登，字公和，魏文、明二

帝時人。」陸德明《經典釋文‧序錄》：「孫登集注二卷。」注云：「字
仲山，太原中都人，東晉尚書郎。」二者不知孰是，暫依陸說。又此注
僅《經典釋文‧序錄》稱「集注」，而其它均只稱「注」。原書已佚，今
有蒙文通《道書輯校十種‧晉唐〈老子〉古注四十家輯存》輯佚。

36. 《老子注》，二卷。佚。東晉，劉仁會撰。
　　著錄：杜光庭《道德眞經廣聖義‧序》。
　　　　　文廷式《補晉書藝文志》、秦榮光《補晉書藝文志》。
　　　案：原書已佚，今有蒙文通《道書輯校十種‧晉唐〈老子〉古注四十家輯存》
　　　　　輯佚。

37. 《老子解》，二卷。佚。晉，巨生撰。
　　著錄：陸德明《經典釋文‧序錄》（《內解》）。
　　　　　《隋書‧經籍志》、文廷式《補晉書藝文志》、秦榮光《補晉書藝文志》。
　　　案：雖文廷式等人將此書收錄於《補晉書藝文志》，但因不詳著作之朝代應
　　　　　爲西晉或東晉，故僅作「晉」，以下均同。

38. 《老子注》，二卷。佚。晉，張嗣撰。
　　著錄：陸德明《經典釋文‧序錄》。
　　　　　《隋書‧經籍志》、杜光庭《道德眞經廣聖義‧序》（四卷）、文廷式《補晉書藝
　　　　　文志》、黃逢元《補晉書藝文志》、秦榮光《補晉書藝文志》。
　　　案：原書已佚，今有蒙文通《道書輯校十種‧晉唐〈老子〉古注四十家輯存》
　　　　　輯佚。

39. 《老子注》，二卷。佚。晉，邯鄲氏撰。
　　著錄：陸德明《經典釋文‧序錄》。
　　　　　《隋書‧經籍志》、文廷式《補晉書藝文志》、黃逢元《補晉書藝文志》、秦榮
　　　　　光《補晉書藝文志》。

40. 《老子注》，二卷。佚。晉，常氏撰。
　　著錄：陸德明《經典釋文‧序錄》。
　　　　　《隋書‧經籍志》、文廷式《補晉書藝文志》、黃逢元《補晉書藝文志》、秦榮
　　　　　光《補晉書藝文志》。

41. 《老子注》，二卷。佚。晉，盈氏撰。
　　著錄：陸德明《經典釋文‧序錄》。

《隋書・經籍志》、文廷式《補晉書藝文志》、黃逢元《補晉書藝文志》、秦榮
光《補晉書藝文志》。

42. 《老子注》，二卷。佚。晉，**釋義盈撰**。

著錄：《舊唐書・經籍志》。

《新唐書・藝文志》、《通志》、文廷式《補晉書藝文志》。

43. 《老子注》，二卷。佚。晉，**劉仲融撰**。

著錄：《隋書・經籍志》。

《新唐書・藝文志》、《通志》、文廷式《補晉書藝文志》、秦榮光《補晉書藝文
志》。

以上晉

以上魏晉合計四十三部，其中存者一部，佚者四十二部。

魏晉時期傳注類的老學著作，僅存的一部為王弼的《老子注》。

馬融以降的「以義理解經」的注釋方式，雖說清除了兩漢學者注經的弊病，創
造了一種新的學術風氣。但是，在注釋學上真正予以革命性變化的卻是王弼和他的
《老子注》、《周易注》等著作。王弼是玄學「貴無派」的主要理論家，他詳細地論
證了「本體論」學說，亦即「有、無」與「本、末」的關係。

王弼在《老子注》中，採用「崇本息末」〔註14〕之法。王弼認為，世界的本體
是「無」，萬物只是「末有」的現象〔註15〕。又，王弼在建構自己的理論體系時，
難免會與《老子》的原意相左，故以「得意忘言」〔註16〕之法來消除矛盾。王弼在
《老子注》中，採用「崇本息末」、「得意忘言」之法，摒棄傳統的繁瑣考證，不拘

〔註14〕王弼《老子微旨例略》（《正統道藏》本）曰：「《老子》之文，欲辯而詰者，則失其旨
也；欲名而責者，則違其義也。《老子》之書，其幾乎可一言而蔽之。噫！崇本息末
而已矣。」

〔註15〕例如王弼注《老子》第四十章云：「天下萬物，皆以有為生。有之所始，以無為本。
將欲全有，必反於無也。」

〔註16〕王弼《周易略例・明象》曰：「夫象者，出意者也；言者，明象者也。盡意莫若象，
盡象莫若言。言生於象，故可尋言以觀象；象生於意，故可尋象以觀意。意以象盡，
象以言著。故言者所以明象，得象而忘言；象者所以存意，得意而忘象。猶蹄者所
以在兔，得兔而忘蹄；筌者所以在魚，得魚而忘筌也。然則，言者，象之蹄也；象
者，意之筌也。是故，存言者，非得象者也；存象者，非得意者也。象生於意而存
象焉，則所存者乃非其象也；言生於象而存言焉，則所存者乃非其言也。然則，忘
象者，乃得意者也；忘言者，乃得象者也。得意在忘象，得象在忘言。故立象以盡
意，而象可忘也；重畫以盡情，而畫可忘也。」

泥於原有文句，不囿於本意舊說〔註17〕，而是根據自身理論建構的需要，來確立自己的理論體系。

魏晉之世，佛老並行，許多僧人亦爲《老子》作注。僧人們擅以「即色之空」〔註18〕、「滅身歸無」〔註19〕、「實相」、「明與無明」〔註20〕等等之佛家語爲《老子》作注。佛圖澄、鳩摩羅什、僧肇之《老子注》雖已佚失，但從目前僅存的些許殘文，仍可看出僧人們以佛解老之長。

先秦兩漢以來，書名題爲「集解」之老學著作，首見於東晉，即程韶之《老子集解》。可惜佚而不見，內文不得其詳。「集解」對當代與後世均助益匪淺。當代之人以「集解」來參考眾說，可說是最爲方便。而「集解」對後世的輯佚工作而言，更可說是最大的功臣。

第三節　義疏類

1. 《老子講疏》，四卷。佚。魏，何晏撰。

　　著錄：《新唐書・藝文志》。

　　　　《通志》、侯康《補三國藝文志》、姚振宗《三國藝文志》。

　　　　案：《新唐書・藝文志》與《通志》均同時著錄何晏《老子講疏》與《道德問》（《老子道德論》）兩書。據《世說新語・文學》記載，何晏因見王弼注

〔註17〕王弼通過探討論述「言」、「象」、「意」的關係，確立了一個建構玄學理論的基本方法。原有的文本如《周易》、《老子》、《論語》等，在王弼的眼中，是「言」，是「象」，都只是他建構玄學理論的工具而已。他可以擺脫它們的束縛，按照自身理論的需要，隨意解說、發揮。在《老子注》中，王弼充分地運用了這一「得意忘言」之法，建構了一個完整系統的理論體系。（參見熊鐵基、馬良懷、劉韶軍：《中國老學史》（福州：福建人民出版社，1995年），頁217～218。）

〔註18〕例如鳩摩羅什於《老子》第十二章「五色令人目盲，五音令人耳聾，五味令人口爽」下注云：「不知即色之空與聲相空，與聾盲何異？」（見趙秉文《道德眞經集解》（臺北：藝文印書館，1965年，《無求備齋老子集成初編》影印清咸豐《小萬卷樓叢書》本），卷一，頁17上。）

〔註19〕例如僧肇於《老子》第十三章「何謂貴大患若身？吾所以有大患者，爲吾有身，及吾無身，吾有何患？」下注云：「大患莫若於有身，故滅身以歸無，此則二乘境界。談道者，以不驚寵辱遺身滅智爲極，則豈知聖人之旨哉！」（見趙秉文《道德眞經集解》卷一，頁18下。）

〔註20〕例如僧肇於《老子》第二十三章「故從事於道者：道者同於道，德者同於德，失者同於失。同於道者，道亦得之；同於德者，德亦得之；同於失者，失亦得之。」下注云：「眞者同眞，僞者同僞，靈照冥諧，一彼實相，無得、無失、無淨、無穢、明與無明等也。」（見趙秉文《道德眞經集解》卷二，頁5上。）

《老子》精奇，而改注爲《道德論》〔註21〕，此《道德論》乃《道德問》，不可與《老子講疏》混爲一談。（本論文將何晏《道德問》（《老子道德論》）置於本章第五節（通論類）。）

以上魏

以上魏晉合計一部，已佚。

義疏類的老學著作，就目前收錄所得來看，以何晏《老子講疏》爲最早，但其內容不詳。

第四節　音義類

1. 《老子音》，一卷。佚。東晉，孫登撰。
   著錄：《隋書・經籍志》。
   　　《通志》、丁國鈞《補晉書藝文志》、文廷式《補晉書藝文志》、黃逢元《補晉書藝文志》、秦榮光《補晉書藝文志》、吳士鑑《補晉書經籍志》。
   案：杜光庭《道德眞經廣聖義・序》云：「隱士孫登，字公和，魏文、明二帝時人。」陸德明《經典釋文・序錄》：「孫登集注二卷。」注云：「字仲山，太原中都人，東晉尚書郎。」二者不知孰是，暫依陸說。

2. 《老子音》，一卷。佚。東晉，李軌撰。
   著錄：《隋書・經籍志》。
   　　《日本國見在書目》、《新唐書・藝文志》、《通志》、丁國鈞《補晉書藝文志》、文廷式《補晉書藝文志》、黃逢元《補晉書藝文志》、秦榮光《補晉書藝文志》、吳士鑑《補晉書經籍志》。

3. 《老子音》，一卷。佚。東晉，戴逵撰。
   著錄：陸德明《經典釋文・序錄》。
   　　《隋書・經籍志》、《通志》、丁國鈞《補晉書藝文志》、文廷式《補晉書藝文志》、黃逢元《補晉書藝文志》、秦榮光《補晉書藝文志》、吳士鑑《補晉書經籍志》。

以上晉

〔註21〕《世說新語・文學》曰：「何晏注《老子》未畢，見王弼，自說注《老子》旨。何意多所短，不復得作聲，但應諾諾。遂不復注，因作《道德論》。」又曰：「何平叔注《老子》始成，詣王輔嗣。見王注精奇。乃神伏曰：『若斯人，可與論天人之際矣！』因以所注爲〈道〉、〈德〉二論。」

　　以上魏晉合計三部，三部皆佚。

　　聲韻之作，最早為魏代李登之《聲類》〔註22〕。反切注音在東漢之時就已見應用，但到了魏晉六朝之時才開始盛行〔註23〕。因此，音義類的老學著作，遲至晉代才出現。

第五節　通論類

1. 《老子序訣》，一卷。殘存。**魏**，葛玄撰。
   著錄：顧櫰三《補後漢書藝文志》（《老子次序》）。
   　　　姚振宗《三國藝文志》（《老子序次》）。
   　案：英國倫敦大英博物院藏敦煌遺書斯坦因6825號，首題曰：「老子道德經序訣，太極左仙公葛玄造。」今有嚴靈峰《無求備齋老子集成初編》景印。

2. 《老子序決》，一卷。佚。**魏**，葛仙公撰。
   著錄：《隋書・經籍志》。
   　　　侯康《補三國藝文志》（《老子道德經序訣》二卷，葛僊公）、秦榮光《補晉書藝文志》（《老子序次》）。
   　案：當即前書。敦煌遺書題「太極左仙公葛玄」可證也。

3. 《老子道德論》，二卷。佚。**魏**，何晏撰。
   著錄：《隋書・經籍志》。
   　　　《舊唐書・經籍志》、《新唐書・藝文志》（《道德問》）、《通志》（《道德問》）、侯康《補三國藝文志》、顧櫰三《補後漢書藝文志》、姚振宗《三國藝文志》。
   　案：據《世說新語・文學》記載，何晏因見王弼注《老子》精奇，而改注為《道德論》〔註24〕。又東晉張湛注《列子・天瑞》曾引用何晏〈道論〉〔註25〕，注《列子・仲尼》曾引用何晏〈無名論〉〔註26〕。由此看來

〔註22〕《魏書・江式傳》云：「（呂）靜別仿故左校令李登《聲類》之法，作《韻集》五卷。」
〔註23〕參見謝雲飛：《中國聲韻學大綱》（臺北：學生書局，1987年），頁101。
〔註24〕《世說新語・文學》曰：「何晏注《老子》未畢，見王弼，自說注《老子》旨。何意多所短，不復得作聲，但應諾諾。遂不復注，因作《道德論》。」又曰：「何平叔注《老子》始成，詣王輔嗣。見王注精奇。乃神伏曰：『若斯人，可與論天人之際矣！』因以所注為〈道〉、〈德〉二論。」
〔註25〕何晏〈道論〉云：「有之為有，恃無以生。事而為事，由無以成。夫道之而無語，名

何晏確曾注過《老子》，但後來改寫爲《道德論》。此《道德論》應爲《新唐書・藝文志》與《通志》所收錄之《道德問》。《新唐書・藝文志》與《通志》均同時著錄何晏《老子講疏》與《道德問》，兩書不可混爲一談。（本論文將何晏《老子講疏》置於本章第三節（義疏類）。）

4. 《老子雜論》，一卷。佚。魏，何晏、王弼撰。

　　著錄：《隋書・經籍志》。

　　　　　姚振宗《三國藝文志》。

　　案：《隋書・經籍志》著錄，注云：「何、王等注。」此何、王二人，應指何晏、王弼。

5. 《老子指略》，一卷。存。魏，王弼撰。

　　著錄：陸德明《經典釋文・序錄》。

　　　　　《舊唐書・經籍志》（《老子指例略》二卷）、《新唐書・藝文志》（《老子指例略》二卷）、《通志》（《老子指略例》二卷）、《文獻通考》（《老子略論》）、《道藏目錄詳註》（《老子微旨例略》，不著撰人）、《宋史・藝文志》（《道德經略歸》）、侯康《補三國藝文志》、姚振宗《三國藝文志》（《老子指例略》二卷）。

　　傳本：《正統道藏》（《老子微旨例略》）。

　　案：本書鮮見其它傳本。《道藏目錄詳註》於《老子微旨例略》之下僅注云：「敍道德源流」，但不著撰人。王維誠輯王弼《老子指略》時〔註27〕，考訂認爲《道藏》之《老子微旨例略》即此書之佚文〔註28〕。而嚴靈峰於考校《道藏》之《老子微旨例略》後〔註29〕，亦確認爲王弼所撰無疑。

之而無名，視之而無形，聽之而無聲，則道之全焉。故能昭音響而出氣物，包形神而章光影。玄以之黑，素以之白，矩以之方，規以之圓。圓方得形，而此無形；白黑得名，而此無名。」

〔註26〕何晏〈無名論〉云：「爲民所譽，則有名者也；無譽，無名者也。若夫聖人，名無名，譽無譽。謂無名爲道，無譽爲大。則夫無名者，可以言有名矣；無譽者，可以言有譽矣。然與夫可譽可名者，豈同用哉！此比於無所有，故皆有所有矣。而於有所有之中，當與無所有相從，而與夫有所有者不同。同類無遠而不相應，異類無近而不相違。譬如陰中之陽，陽中之陰，各以物類，自相求從。夏日爲陽，而夕夜遠，與冬日共爲陰。冬日爲陰，而朝晝遠，與夏日同爲陽，皆異於近而同於遠也。詳此異同，而後無名之論可知矣。凡所以至於此者何哉？夫道者，惟無所有者也，自天地以來，皆有所有也。然猶謂之道者，以其能復用無所有也。故雖處有名之域，而沒其無名之象。」

〔註27〕參見北京大學《國學季刊》第七卷三號。

〔註28〕參見朱越利：《道藏分類解題》（北京：華夏出版社，1996年），頁5。

〔註29〕參見嚴靈峰《無求備齋老子集成初編》（臺北：藝文印書館，1965年再版）之王弼《老

6. 《注道略論》，不著卷數。佚。**魏**，王弼撰。

   著錄：侯康《補三國藝文志》。

   　　《新唐書・藝文志》(《老子指略論》二卷，太子文學，不著撰人)、《通志》(《老子指略論》

   　　二卷，不著撰人)、《宋史・藝文志》(《老子指例略》一卷，不著撰人)。

   　　案：侯康《補三國藝文志》分別著錄《老子指略》與《注道略論》，兩書均
   　　謂王弼撰。但《新唐書・藝文志》分別著錄《老子指例略》與《老子指
   　　略論》，前者王弼撰，後者不著撰人；《通志》分別著錄《老子指略例》
   　　與《老子指略論》，前者王弼撰，後者不著撰人；《宋史・藝文志》分別
   　　著錄《道德經略歸》與《老子指例略》，前者王弼撰，後者不著撰人。
   　　書名相近之兩本著作，應僅有一本為王弼撰，但侯康卻謂兩書均為王弼
   　　撰。對於侯康之著錄，暫存疑。

7. 《通老論》，不著卷數。殘存。**魏**，阮籍撰。

   著錄：丁國鈞《補晉書藝文志》。

   　　文廷式《補晉書藝文志》(《通老子論》)、秦榮光《補晉書藝文志》、吳士鑑《補晉
   　　書經籍志》。

   　　案：《阮籍集》中收錄《通老論》之殘文。諸本《阮籍集》皆只有三小段《通
   　　老論》之文，突然而起，且不相連，顯非全文，大概皆根據《太平御覽》
   　　所錄者〔註30〕。

8. 《道德論》，不著卷數。佚。**魏**，阮籍撰。

   著錄：文廷式《補晉書藝文志》。

   　　姚振宗《三國藝文志》。

9. 《道德論》，不著卷數。佚。**魏**，夏侯玄撰。

   著錄：姚振宗《三國藝文志》。

以上魏

10. 《老子道德經序訣》，二卷。佚。**西晉**，葛洪撰。

    著錄：《舊唐書・經籍志》。

    　　《新唐書・藝文志》、《通志》、丁國鈞《補晉書藝文志》、文廷式《補晉書藝文
    　　志》、黃逢元《補晉書藝文志》、秦榮光《補晉書藝文志》、吳士鑑《補晉書經

　　子微旨例略》書後所附校語。

〔註30〕參見陳伯君：《阮籍集校注》（北京：中華書局，1987年），頁159。

籍志》。

案：各史志分別著錄《老子序訣》、《老子序決》、《老子道德經序訣》等書名
相近之著作，或謂葛玄撰，或謂葛仙公撰，或謂葛洪撰，除開秦榮光《補
晉書藝文志》，其餘史志均僅著錄一本。秦榮光《補晉書藝文志》分別
著錄《老子序次》與《老子道德經序訣》兩書，前者謂葛仙公撰，後者
謂葛洪撰。英國倫敦大英博物院藏，敦煌遺書斯坦因 6825 號，首題曰：
「老子道德經序訣，太極左仙公葛玄造。」葛洪為葛玄之從孫，祖孫不
應有同名之作，不知是史志之著錄有誤，抑或是敦煌遺書之抄錄有誤，
暫存疑。又對於秦榮光之著錄，亦存疑。

11. 《老子例略》，不著卷數。佚。西晉，王倫撰。
著錄：文廷式《補晉書藝文志》。

　　黃逢元《補晉書藝文志》、秦榮光《補晉書藝文志》。

12. 《老子玄譜》，一卷。佚。東晉，劉程之撰。
著錄：陸德明《經典釋文・序錄》（劉遺民）。

　　《隋書・經籍志》（劉遺民）、《舊唐書・經籍志》（劉道人）、《新唐書・藝文志》（劉
遺民）、《通志》（劉遺民《道德經玄譜》）、丁國鈞《補晉書藝文志》（劉遺民）、文廷
式《補晉書藝文志》、黃逢元《補晉書藝文志》（劉遺民）、秦榮光《補晉書藝文
志》（劉遺民）、吳士鑑《補晉書經籍志》（劉遺民）。

案：各史志多作「劉遺民」，文廷式作「劉程之」。據嚴靈峰考證，「劉遺民」
當即「劉程之」〔註31〕。《新唐書・藝文志》著錄劉遺民《玄譜》一卷，
又於神仙家著錄劉道人《老子玄譜》一卷。疑劉道人即劉遺民〔註32〕，
且《玄譜》與《老子玄譜》並係一書。

〔註31〕嚴靈峰考證云：
　　《陶淵明集》有《和劉柴桑詩》，陶注引《蓮社高賢傳》云：「劉程之字仲思，
彭城人，漢楚元王之後。少孤，事母以孝，聞謝安、劉裕嘉其賢，相薦之，皆力辭。
裕以其不屈，乃旌其門曰『遺民』。」是陶詩所稱之「劉柴桑」即係此「劉程之」。
（見嚴靈峰：《周秦漢魏諸子知見書目》（北京：中華書局，1993 年再版），第一冊，
頁 29。）
〔註32〕嚴靈峰考證云：
　　《舊唐志》之「劉道人」蓋「遺」訛為「道」。「民」字乃避唐諱而改為「人」
也。
（見嚴靈峰：《周秦漢魏諸子知見書目》（北京：中華書局，1993 年再版），第一冊，
頁 30。）

以上晉

　　以上魏晉合計十二部，其中存者一部，殘存二部，佚者九部。

　　魏晉時期通論類的老學著作，僅存的一部爲王弼的《老子指例略》，殘存的爲葛玄的《老子序訣》。道藏本《老子微旨例略》乃爲「敍道德源流」之作〔註33〕，此書雖不著撰人，但經王維誠與嚴靈峰之考證，確認爲王弼所撰無疑。

　　兩漢時期，爲了適應將老子神化的宗教需要，關於老子變化的神話逐漸流傳，葛玄的《老子序訣》（《老子道德經序訣》）也講述了老子變化的神話〔註34〕。葛玄之從孫葛洪，乃爲魏晉丹鼎派的代表人物〔註35〕。

　　魏晉玄學中以何晏、王弼的「貴無派」對後世的影響最大。王弼有《老子注》，而何晏則撰《道德論》。《老子》第四十章「天下萬物生於有，有生於無」，一般都將「有」、「無」以時間之先後關係看待。但何、王卻提出了以「無」爲本〔註36〕、以「有」爲末的「本體論」哲學。同時何、王又堅持了老子的「虛無」、「無爲」的哲學思想，堅持了以「無」作爲世界統一性的基礎。首先闡說這一思想的便是何晏。何晏講的「有」、「無」關係，不是前後生成的關係，而是「有」要依賴「無」而生〔註37〕，天地萬物皆要以「無」爲「根本」。

第六節　專論類

1. 《道論》，二十篇。佚。魏，鍾會撰。
　　著錄：侯康《補三國藝文志》。
　　　　　秦榮光《補晉書藝文志》、姚振宗《三國藝文志》。

2. 《任子道論》，十卷。佚。魏，任嘏撰。
　　著錄：《隋書・經籍志》。

〔註33〕見明代白雲霽：《道藏目錄詳註》，卷四。
〔註34〕《初學記》卷二十三引《道德經序訣》曰：「周時復託神李母剖左腋而生，生即皓然，號曰老子。」（見侯康《補三國藝文志》。）
〔註35〕葛洪《抱朴子・內篇》在成仙方法上大量著墨，他突破了以往《內經》、《太平經》的養生長壽思想，大膽地提出神仙不死的目標。
〔註36〕《晉書・王衍傳》云：「魏正始中，何晏、王弼等祖述老莊，立論以爲天地萬物，皆以無爲本。無也者，開物成務，無往而不存者也。陰陽恃以化生，萬物恃以成形。賢者恃以成德，不肖恃以免身。故無之爲用，無爵而貴矣。」
〔註37〕何晏《道論》云：「有之爲有，恃無以生。事而爲事，由無以成。」（見《列子・天瑞》張湛注。）

《舊唐書・經籍志》、《新唐書・藝文志》、《通志》(一卷)、侯康《補三國藝文志》、姚振宗《三國藝文志》、《清史稿・藝文志》(一卷)。

案：《清史稿・藝文志》雖尚著錄任嘏《任子道論》一卷，其實原本已佚，此乃輯佚本。《魏志・王昶傳》謂任嘏「著書三十八篇，凡四萬餘言」，侯康《補三國藝文志》認為「當即此書也」。清代馬國翰輯《任子道論》之佚文，錄馬總《意林》所載之十七節〔註38〕，又從《初學記》及《太平御覽》輯得九節，參互考訂〔註39〕。

以上魏

3. 《道論》，不著卷數。佚。晉，祖台之撰。
　著錄：丁國鈞《補晉書藝文志》。
　　　文廷式《補晉書藝文志》、秦榮光《補晉書藝文志》、吳士鑑《補晉書經籍志》。

以上晉

以上魏晉合計三部，三部皆佚。

魏晉時期專論類的老學著作，僅《任子道論》在清代尚有馬國翰之輯佚本，其他兩部已佚而不見。

以上魏晉時期之老學著作合計六十四部，其中存者二部，殘存二部，佚者六十部。

〔註38〕馬國翰輯本〈序〉曰：「馬總《意林》載《任子》十卷，注云：『名奕』。考諸史志，無任奕著書之目，『奕』蓋『嘏』之譌。」（見姚振宗《三國藝文志》。）
〔註39〕參見姚振宗《三國藝文志》。

第四章　南北朝（附隋）之老子學

　　南北朝時，佛教與道教相爭激烈，而且時時互有消長〔註1〕。早在東漢就有「老子入夷爲浮屠」之說〔註2〕，西晉末年，五斗米道〔註3〕祭酒王浮造《化胡經》（《老子化胡經》）。到了南北朝時，在道教與佛教的激烈衝突中，《老子》成了道教徒們詆毀佛教的工具〔註4〕。

　　就道教而言，當時北朝盛行「符籙」，南朝流行「丹道」。北朝盛行「符籙」，早在東漢時，張陵就已造作符書〔註5〕，而張角更以符水咒說來療病〔註6〕，到了北魏

〔註1〕北魏明元帝封沙門爲輔國宣城，但是到了北魏太武帝卻信任崔浩以寇謙之爲道教大師，後詔誅長安沙門，云：「蕩除胡神，擊破胡經」，以武力毀佛寺，是爲三武破佛之首。北魏文帝立，復佛法，七發「佛法興隆治」，北魏孝宣帝親講佛書於永明寺，菩提流文譯「十地論」。北魏孝明帝並進佛教與道教，任雙方的信徒們彼此討論，此爲佛教與道教相融之開始。北周武帝建德元年並廢佛教與道教，獨尊儒術，但十年後卻再復興佛教與道教。

〔註2〕東漢桓帝延熹十年襄楷上表獻《太平經》時，便聲稱「或言老子入夷爲浮屠」。（參見《後漢書‧襄楷傳》。）

〔註3〕早期的道教有兩支，一支爲東漢順帝時張陵之「五斗米道」，一支爲稍後靈帝時張角之「太平道」。《後漢書‧劉焉傳》：「（張）魯字公旗。初，祖父陵，順帝時客於蜀，學道鶴鳴山中，造作符書，以惑百姓。受其道者輒出米五斗，故謂之米賊。」

〔註4〕到南北朝時，外來佛教勢力的發展非常迅速，大有成爲國教之勢，中外兩種文化的衝突也就隨之而更加激烈。於是，宋齊之際的著名道士顧歡撰寫出《夷夏論》，隨後，又有一不知名的道士假託南齊貴族張融之名，發表《三破論》，猛烈抨擊佛教。其中一個重要手段就是沿用老子化胡之說，極力詆毀、貶低佛教。《夷夏論》云，所謂佛教，只不過是老子入天竺化胡的產物而已；《三破論》的攻擊則更加粗暴無理，不僅言老子化胡，而且說老子因「胡人粗獷，欲斷其惡種，故令男不娶妻，女不嫁夫，一國伏法，自然滅盡。」（見《弘明集》卷八〈滅惑論〉。）作爲思想家的老子在這裡卻成了道教徒們打擊佛教的工具。（參見熊鐵基、馬良懷、劉韶軍：《中國老學史》（福州：福建人民出版社，1995年），頁211。）

〔註5〕《後漢書‧劉焉傳》：「（張）魯字公旗。初，祖父陵，順帝時客於蜀，學道鶴鳴山中，

寇謙之托稱太上老君（即老子）之玄孫傳授《錄圖眞經》〔註7〕，道士們便崇信並奉受太上老君所傳的法籙。南朝流行「丹道」，西晉之葛洪是丹鼎派的代表人物，其《抱朴子‧內篇》即爲成仙方法的大作，到了宋、梁之時，陶弘景就曾燒煉金丹獻給梁武帝。

　　隋朝享國甚短，大抵以儒家經術、聲韻學爲倡，故老學注者較少，其中李播與隋末唐初之劉進喜，亦道士之學也。

　　南北朝以及隋代之老學著作，就內容及主旨而言，參考蕭天石之分類，大致上有演化派、御注派、佛學派、音義派、校勘派〔註8〕。另外黃公偉認爲此時期多有以「丹道」解老者〔註9〕。而本文針對著作之形式來分類，大體上可別爲傳注、義疏、音義、通論、專論、箚記等六類。

第一節　傳注類

1. 《老子注》，二卷。佚。南朝，釋惠嚴撰。
　　　著錄：陸德明《經典釋文‧序錄》（釋慧嚴）。

　　　　　《隋書‧經籍志》、《舊唐書‧經籍志》、《新唐書‧藝文志》、《通志》、《補宋書

　　　　造作符書，以惑百姓。受其道者輒出米五斗，故謂之米賊。」
〔註6〕《後漢書‧皇甫嵩傳》：「鉅鹿張角自稱大賢良師，奉事黃老道。畜養弟子，跪拜首過、符水咒說以療病，病者頗愈，百姓信向之。」
〔註7〕北魏太武帝以寇謙之爲道教大師，寇謙之托稱太上老君（即老子）之玄孫李譜文降臨嵩岳，傳授《錄圖眞經》。《魏書‧釋老志》：「泰常八年十月戊戌，有牧土上師李譜文來臨嵩岳，云：老君之玄孫，……今賜汝遷入內宮太眞太寶九州眞師，治鬼師、治民師，繼天師四錄。修勤不懈，依勞復遷。賜汝《天中三眞太文錄》，劾召百神，以授弟子。《文錄》有五等，……壇位、禮拜、衣冠、儀式各有差品，凡六十餘卷，號曰：《錄圖眞經》。」
〔註8〕御注派：又稱君學派。此派以窮理盡性，坐忘遺照，虛無恬退，而一歸於清靜無爲，端拱垂裳，而天下自化之旨爲宗。
　　　校勘派：又稱考據派。此派以詳覈眾本，校勘異同，考訂僞文，訓詁字義幷及音義爲宗。
　　　演化派有顧歡、陶弘景等人；御注派有梁武帝、周文帝、梁簡文帝、梁元帝等人；佛學派有竇略、孟智周等人；陸德明爲校勘派，亦爲音義派。
　　　（參見蕭天石：《道德經名注選輯七‧序》（臺北：中國子學名著集成編印基金會，《中國子學名著集成》第52）。）
〔註9〕黃公偉認爲盧裕、劉仁會、顧歡、陶弘景、臧玄靜、孟智周、諸糅等人都是以「丹道」解老者。（參見黃公偉：《道家哲學系統探微》（臺北：新文豐出版公司，1981年），頁76～77。）

　　　　　藝文志》。

2. 《老子注》，二卷。佚。南朝，釋惠琳撰。
　　　著錄：陸德明《經典釋文·序錄》(釋慧琳)。
　　　　　《隋書·經籍志》、《新唐書·藝文志》、《通志》、《補宋書藝文志》(釋慧琳)。

3. 《老子注》，二卷。佚。南朝，王玄載撰。
　　　著錄：陸德明《經典釋文·序錄》。
　　　　　《隋書·經籍志》、《補南齊書藝文志》。

4. 《老莊義釋》，不著卷數。佚。南朝，祖沖之撰。
　　　著錄：《補南齊書藝文志》。

5. 《老子注》，二卷。佚。北朝，盧裕撰。
　　　著錄：《隋書·經籍志》(盧景裕)。
　　　　　　杜光庭《道德眞經廣聖義·序》、《通志》(盧景裕)、徐崇《補南北史藝文志》(盧
　　　　　　景裕)、秦榮光《補晉書藝文志》(盧景裕)。
　　　案：盧裕，字景裕。各史志多作「盧景裕」，僅杜光庭作「盧裕」。原書已佚，
　　　　　今有蒙文通《道書輯校十種·晉唐〈老子〉古注四十家輯存》輯佚。

6. 《老子注》，四卷。佚。北朝，梁曠撰。
　　　著錄：《隋書·經籍志》。
　　　　　《舊唐書·經籍志》、《通志》。

7. 《道德經品》，四卷。佚。北朝，梁曠撰。
　　　著錄：《新唐書·藝文志》。
　　　　　《通志》。

8. 《老子注》，二卷。佚。北朝，盧裕、梁曠合撰。
　　　著錄：《新唐書·藝文志》(盧景裕、梁曠合注)。

9. 《老子注》，四卷。佚。南朝，陶弘景撰。
　　　著錄：杜光庭《道德眞經廣聖義·序》。
　　　　　《舊唐書·經籍志》、《新唐書·藝文志》、《通志》(陶洪景)。
　　　案：原書已佚，今有蒙文通《道書輯校十種·晉唐〈老子〉古注四十家輯存》
　　　　　輯佚。

10. 《道德經章句》，不著卷數。佚。北朝，盧光撰。

著錄：徐崇《補南北史藝文志》。

張鵬一《隋書經籍志補》。

11. 《老子經義》，二卷。佚。南朝，孟安排撰。

著錄：杜光庭《道德眞經廣聖義・序》。

案：原書已佚，今有蒙文通《道書輯校十種・晉唐〈老子〉古注四十家輯存》
輯佚。

12. 《道德經注》，四卷。佚。南朝，梁武帝撰。

著錄：杜光庭《道德眞經廣聖義・序》。

《新唐書・藝文志》（《老子講疏》）、《通志》（《老子講疏》）。

案：杜光庭《道德眞經廣聖義・序》：「蕭衍注道德經四卷，證以因果爲義。」
而《新唐書・藝文志》：「梁武帝講疏四卷，又講疏六卷。」爲了避免兩
書同名，暫依杜光庭之著錄，定四卷者之書名爲《道德經注》，六卷者
之書名爲《老子講疏》。（本論文將六卷之《老子講疏》置於本章第二節
（義疏類）。）

13. 《老子義泉》，五卷。佚。南朝，宗文明撰。

著錄：杜光庭《道德眞經廣聖義・序》。

案：原書已佚，今有蒙文通《道書輯校十種・晉唐〈老子〉古注四十家輯存》
輯佚。蒙文通認爲「宗文明」當爲「宋文明」之誤〔註10〕。

14. 《老子注》，二卷。佚。北朝，周文帝撰。

著錄：《日本國見在書目》。

15. 《老子注》，四卷。佚。南朝，竇略撰。

著錄：杜光庭《道德眞經廣聖義・序》。

16. 《老子道德經注》，二卷。佚。北朝，杜弼撰。

著錄：杜光庭《道德眞經廣聖義・序》。

徐崇《補南北史藝文志》、張鵬一《隋書經籍志補》。

〔註10〕蒙文通《道書輯校十種》（成都：巴蜀書社，2001年）頁250：
《御覽》六六六引《道學傳》：「宋文同字文明，吳郡人，梁簡文時。」《杜序》
稱「法師宗文明，作《義泉》五卷」。「宗」當爲「宋」之誤。《隋志》、《釋文序錄》、
兩《唐志》皆未著錄。《三十家集解》列「二十四宋文明」。（按：《三十家集解》乃
張君相三十家《道德經集解》。）

案：原書已佚，今有蒙文通《道書輯校十種‧晉唐〈老子〉古注四十家輯存》
　　輯佚。

17. 《老子讚義》，六卷。佚。南朝，周弘正撰。
　　著錄：《日本國見在書目》。

18. 《老子玄覽》，六卷。佚。南朝，諸糅撰。
　　著錄：杜光庭《道德真經廣聖義‧序》。

19. 《玄書通義》，十卷。佚。南朝，張譏撰。
　　著錄：《新唐書‧藝文志》。

20. 《老子節解》，二卷。佚。不著撰人。
　　著錄：陸德明《經典釋文‧序錄》。
　　　　《隋書‧經籍志》、杜光庭《道德真經廣聖義‧序》、《舊唐書‧藝文志》、《新唐
　　　　書‧藝文志》。
　　案：原書已佚，今有蒙文通《道書輯校十種‧晉唐〈老子〉古注四十家輯存》
　　　　輯佚。陸德明《經典釋文‧序錄》注云：「不詳作者。或云老子所作，
　　　　一云河上公作。」杜光庭《道德真經廣聖義‧序》注云：「老君與尹喜
　　　　解」。因一般學者多認為《經典釋文》成書於入隋之前，故今將此書暫
　　　　附於南北朝。另有《宋史‧藝文志》著錄《老子道德經節解》，書名雖
　　　　同，卻云葛玄撰。（本論文將葛玄《老子道德經節解》置於第三章（魏
　　　　晉）第二節（傳注類）。）

以上南北朝

21. 《老子注》，二卷。佚。隋，李播撰。
　　著錄：杜光庭《道德真經廣聖義‧序》。
　　　　《新唐書‧藝文志》。

22. 《老子志》，一卷。佚。山琮撰。
　　著錄：《隋書‧經籍志》。
　　　　案：著作之年代不詳，今暫附於隋代。

23. 《老子章門》，一卷。佚。不著撰人。
　　著錄：《隋書‧經籍志》。
　　　　《舊唐書‧經籍志》、《新唐書‧藝文志》。

案：史志未著撰人，今暫附於隋代。

以上隋

以上南北朝及隋代合計二十三部，二十三部皆佚。

南北朝時，佛教與道教因相爭而並馳。皈依佛門的僧人，如釋惠嚴、釋惠琳等曾先後爲《老子》作注；信奉道教的道士，如孟安排、竇略、諸糅以及隋代之李播等道士都曾爲《老子》作注〔註11〕。南北朝首開「御注」之風，如梁武帝、周文帝都曾爲《老子》作注。《老子》與道教之關係，自東漢以來就愈形密切，南朝盛行「丹道」，連皇帝亦深信金丹之術。

第二節　義疏類

1. **《老子義疏》，一卷。佚。南朝，釋慧觀撰。**
   著錄：《隋書·經籍志》。

2. **《老子義綱》，一卷。佚。南朝，顧歡撰。**
   著錄：《隋書·經籍志》。

   《舊唐書·經籍志》（《老子義疏理綱》，未著撰人）、《新唐書·藝文志》（《道德經義疏治綱》）、《通志》、《補南齊書藝文志》。

3. **《老子義疏》，一卷。佚。南朝，顧歡撰。**
   著錄：《隋書·經籍志》。

   《通志》、《補南齊書藝文志》。

4. **《老子道德經義疏》，四卷。殘存。南朝，顧歡撰。**
   著錄：陸德明《經典釋文·序錄》（《堂誥》四卷，一作《老子義疏》）。

   杜光庭《道德眞經廣聖義·序》（《老子注》）、《舊唐書·經籍志》、《新唐書·藝文志》、《道藏目錄詳註》（《道德眞經註疏》八卷）、《補南齊書藝文志》。

   案：斯坦因4430號（英國倫敦大英博物院藏）之唐敦煌寫本殘卷，起七十章至八十章共一三二行，與蒙文通《道書輯校十種·晉唐〈老子〉古注四十家輯存》所輯之佚文相合，唯字跡多不清，釋讀爲難。《正統道藏》之《道德眞經註疏》八卷，原題爲顧歡撰，實誤。蒙文通考證疑其書應

〔註11〕參見杜光庭《道德眞經廣聖義·序》。

為唐代陳庭玉之《老子疏》，但朱越利疑或為宋代之作〔註12〕，又嚴靈峰疑為唐人依張君相（張道相）之《老子三十家注》殘本補輯而成〔註13〕，待考。

嚴靈峰《無求備齋老子集成初編》之顧歡《道德經注疏》影印清代劉承幹刊《嘉業堂叢書》本，但劉承幹卻在〈跋〉中認為此書應為張君相之《三十家道德經集解》。

《隋書·經籍志》著錄顧歡《義綱》一卷、《義疏》一卷；《新唐書·藝文志》著錄顧歡《義疏治綱》一卷、《義疏》四卷；《經典釋文·序錄》著錄顧歡《堂誥》四卷，自注云：「一作《老子義疏》」；《補南齊書藝文志》著錄顧歡《義綱》一卷、《義疏》一卷、《義疏》四卷。今暫依《補南齊書藝文志》之著錄。

5. 《老子義疏》，五卷。佚。南朝，孟智周撰。

　　著錄：《隋書·經籍志》。

　　　　杜光庭《道德眞經廣聖義·序》（《老子注》）、《舊唐書·經籍志》（四卷）、《新唐書·藝文志》、《通志》。

　　案：原書已佚，今有蒙文通《道書輯校十種·晉唐〈老子〉古注四十家輯存》輯佚。

6. 《老子講疏》，六卷。殘存。南朝，梁武帝撰。

　　著錄：《隋書·經籍志》。

　　　　《舊唐書·經籍志》、《新唐書·藝文志》、《通志》。

　　案：羅振玉藏敦煌古寫殘卷，並定此殘卷為梁武帝之《老子講疏》。今有《羅雪堂先生全集三編》影印〔註14〕。另蒙文通《道書輯校十種·晉唐〈老子〉古注四十家輯存》亦輯有佚文。

　　　　杜光庭《道德眞經廣聖義·序》：「蕭衍注道德經四卷，證以因果為義。」而《新唐書·藝文志》：「梁武帝講疏四卷，又講疏六卷。」為了避免兩書同名，暫依杜光庭之著錄，定四卷者之書名為《道德經注》，六卷者

〔註12〕蒙文通考證疑《正統道藏》之《道德眞經註疏》八卷是唐開元間陳廷玉《老子疏》。但朱越利認為：其中兩引「陳曰」，均見宋代陳象古《道德眞經解》，或後人摻入，或其書為宋人所撰。（參見朱越利：《道藏分類解題》（北京：華夏出版社，1996年），頁7。）

〔註13〕參見嚴靈峰：《周秦漢魏諸子知見書目》（臺北：中華書局，1991年），第一冊，頁78。

〔註14〕《羅雪堂先生全集三編》（臺北：文華出版公司，1970年。）

之書名爲《老子講疏》。（本論文將四卷之《道德經注》置於本章第一節（傳注類）。）

7. 《老子義疏》，四卷。佚。北朝，周文帝撰。

　　著錄：《日本國見在書目》。

8. 《道德述義》，十卷。佚。南朝，梁簡文帝撰。

　　著錄：杜光庭《道德眞經廣聖義·序》。

　　案：原書已佚，今有蒙文通《道書輯校十種·晉唐〈老子〉古注四十家輯存》輯佚。

　　另《隋書·經籍志》、《舊唐書·經籍志》、《新唐書·藝文志》、《通志》均著錄梁簡文帝《老子私記》十卷，疑與此《道德述義》爲同一本著作。

　　（本論文將梁簡文帝《老子私記》置於本章第六節（箚記類）。）

9. 《老子疏》，四卷。佚。南朝，臧矜撰。

　　著錄：杜光庭《道德眞經廣聖義·序》（臧玄靜）。

　　案：臧矜，號玄靜。杜光庭作「臧玄靜」。原書已佚，今有蒙文通《道書輯校十種·晉唐〈老子〉古注四十家輯存》輯佚。

10. 《老子疏》，五卷。佚。南朝，周弘正撰。

　　著錄：陸德明《經典釋文·序錄》。

　　　　《日本國見在書目》。

以上南北朝

11. 《老子義疏》，四卷。佚。隋，韋錄撰。

　　著錄：《隋書·經籍志》（韋處玄）。

　　　　　杜光庭《道德眞經廣聖義·序》（韋錄，字處玄）、《通志》（韋處元）。

　　案：《隋志》作「韋處玄」，杜光庭作「韋錄，字處玄」，但嚴靈峰考證認爲「韋處玄」應爲「韋節」才是〔註15〕。

12. 《老子疏》，十五卷。佚。隋，陸德明撰。

〔註15〕嚴靈峰考證云：

　　　　李道謙《終南山說經臺歷代眞仙碑記》云：「韋節字處玄，稱精思法師。」「錄」字疑當作「節」。

　　　（見嚴靈峰：《周秦漢魏諸子知見書目》（北京：中華書局，1993年再版），第一冊，頁49。）

著錄：《新唐書・藝文志》。

　　案：原書已佚，今有蒙文通《道書輯校十種・晉唐〈老子〉古注四十家輯存》
　　　　輯佚。

13. 《老子疏》，六卷。佚。隋，劉進喜撰。

　　著錄：杜光庭《道德眞經廣聖義・序》。

　　案：原書已佚，今有蒙文通《道書輯校十種・晉唐〈老子〉古注四十家輯存》
　　　　輯佚。

14. 《老子義疏》，九卷。佚。戴詵撰。

　　著錄：《隋書・經籍志》。

　　　　《新唐書・藝文志》(六卷)、《通志》。

　　案：著作之年代不詳，今暫附於隋代。

以上隋

　　以上南北朝及隋代合計十四部，其中殘存二部，佚者十二部。

　　南北朝及隋代義疏類的老學著作，尚殘存的有顧歡《老子道德經義疏》，以及梁
武帝《老子講疏》。顧歡《老子道德經義疏》以無爲爲宗，明治身之道。梁武帝《老
子講疏》則以非有非無爲宗，明事理因果之道〔註16〕。

　　此時期爲《老子》義疏者多爲道教人士，如孟智周、臧矜、韋錄、劉進喜等。
僧人釋慧觀，以及貴爲帝王者，如梁武帝、梁簡文帝、周文帝等，都曾先後爲《老
子》義疏。

第三節　音義類

1. 《經典釋文・老子音義》，一卷。存。南朝，陸德明撰。

　　傳本：《無求備齋老子集成初編》影印清代通志堂刊《經典釋文》本、清代浙江
　　　　書局刊《十子》本，嚴氏將書名題作《老子音義》。

　　案：《經典釋文》卷第二十五分爲〈老子道經音義〉與〈老子德經音義〉兩
　　　　部分。陸德明生於南朝梁敬帝之時，卒於唐太宗貞觀初年。據錢大昕、

〔註16〕參見嚴靈峰：《周秦漢魏諸子知見書目》（臺北：中華書局，1991年），第一冊，頁34、
41。

許彥宗之考證，《經典釋文》應成書於入隋之前〔註17〕，故今將此書暫附於南北朝。

以上南北朝

以上南北朝及隋代合計一部，尚存。

南北朝及隋代音義類的老學著作，僅收得陸德明〈老子音義〉一篇。《經典釋文》成書於入隋之前，全書三十卷，卷一是〈序錄〉〔註18〕，卷二到卷三十是十四種經典〔註19〕的本文和傳注的音義。陸德明〈老子音義〉雖然不是第一部，但卻是目前尚存最古的音義類老學著作。

第四節　通論類

1. 《道德經雜說》，一卷。佚。南朝，陸修靜撰。
   著錄：《通志》。
   《宋史・藝文志》（《老子道德經雜說》）。

2. 《老子要略》，不著卷數。佚。南朝，沈驎士撰。
   著錄：《補南齊書藝文志》。

以上南北朝

3. 《老子通諸論》，一卷。佚。隋，劉進喜撰。
   著錄：《新唐書・藝文志》。

4. 《老子玄機》，三卷。佚。宗塞撰。
   著錄：《隋書・經籍志》。
   案：著作之年代不詳，今暫附於隋代。

5. 《老子幽易》，五卷。佚。山琮撰。
   著錄：《隋書・經籍志》。
   案：同前。

〔註17〕參見邵榮芬：《〈經典釋文〉音系》（臺北：學海出版社，1995年），頁1～4。
〔註18〕《經典釋文・序錄》說明全書主旨、體例、經典源流以及傳注之情況。
〔註19〕此十四種經典是：《周易》、《古文尚書》、《毛詩》、《周禮》、《儀禮》、《禮記》、《春秋左氏》、《春秋公羊》、《春秋穀梁》、《孝經》、《論語》、《老子》、《莊子》、《爾雅》。

6. 《老子玄示》，一卷。佚。韓壯撰。

　　著錄：《隋書・經籍志》。

　　案：同前。

7. 《老子玄旨》，八卷。佚。韓莊撰。

　　著錄：《舊唐書・經籍志》。

　　　　　《新唐書・藝文志》、《通志》。

　　案：「韓莊」雖疑即前書之「韓壯」，但「八卷」與「一卷」之差異實在太大，
　　　　存疑待考。

以上隋

　　以上南北朝及隋代合計七部，七部皆佚。

　　南北朝及隋代通論類的老學著作，皆已佚而不見。作者之中，陸修靜、劉進喜
為道士，其餘均不詳其身世背景。晉、宋之際的著名道士陸修靜，尚曾搜集並整理
道教典籍，並將闡釋《老子》的道書均納入其中〔註20〕。

第五節　專論類

1. 《道言》，五十二篇。佚。北朝，張暎撰。

　　著錄：徐崇《補南北史藝文志》。

　　案：徐崇《補南北史藝文志》云：「暎所撰老子莊子義，名《道言》五十二
　　　　篇。」

以上南北朝

2. 《老子兵書》，一卷。佚。不著撰人。

　　著錄：《隋書・經籍志》。

　　案：史志未著撰人，作者不詳，今暫附於隋代。

以上隋

　　以上南北朝及隋代合計二部，二部皆佚。

〔註20〕陸修靜將道教典籍分為三洞（洞真、洞玄、洞神）、四輔（太玄、太平、太清、正一）
　　　　七大部類，《老子道德經》是四輔之一，凡闡釋《老子》的道書如《老子河上公注》、
　　　　《老子想爾注》等等，均被列入其類之中。

　　南北朝及隋代專論類的老學著作，以《老子兵書》最爲特殊。學者著書爲文以論《老子》之「道」，自西漢以來常有之。但以「兵書」來看待《老子》倒是首舉。可惜其書已佚，不得其詳。

　　唐朝的王眞談到《老子》「未嘗有一章不屬意於兵也」，明朝末年王夫之特別強調《老子》尤爲「言兵者師之」，近代章太炎認爲《老子》五千言是「約《金版》、《六韜》之旨」。近人翟青在〈《老子》是一部兵書〉〔註21〕一文中，通過對《老子》內容的解析，以及引證歷史上幾位學者的評論，認爲《老子》一書乃屬於兵書的範疇。《老子》一書八十一章，翟青歸納認爲「直接談兵的有十幾章，哲理喻兵的有近二十章，其他各章也都貫串了對軍事戰略戰術思想的發揮」〔註22〕。

第六節　箚記類

1. 《老子私記》，十卷。佚。南朝，梁簡文帝撰。
　　　著錄：《隋書·經籍志》。
　　　　　　《舊唐書·經籍志》、《新唐書·藝文志》、《通志》。
以上南北朝

　　以上南北朝及隋代合計一部，已佚。

　　南北朝及隋代箚記類的老學著作，僅收得梁簡文帝《老子私記》一部，但已佚而不見，內文不得其詳。但觀書名，既爲「私記」，應是箚記體。箚記類的老學著作，自兩漢以來，《老子私記》乃是首作。

　　以上南北朝及隋代之老學著作合計四十八部，其中存者一部，殘存二部，佚者四十五部。

〔註21〕載於《學習與批判》（上海：復旦大學），1974 年第 10 期。
〔註22〕參考熊鐵基、劉韶軍、劉筱紅、吳琦、劉固盛著：《二十世紀中國老學》（福州：福建人民出版社，2002 年），頁 266～267。

第五章　唐代（附五代）之老子學

唐代以老子爲祖先，帝王興道學、玄學。高祖李淵謁老子廟〔註1〕；高宗追號老子爲「太上玄元皇帝」〔註2〕，並命王侯以下皆習《老子》〔註3〕，加試貢士《老子》策〔註4〕，尊《道德經》爲「上經」〔註5〕；睿宗及玄宗均親爲《老子》作注；玄宗令士庶家藏《老子》一本，每年貢舉人加《老子》策〔註6〕，並置崇玄學、崇玄博士，令生徒習《老子》等道書〔註7〕，每年準明經例舉送，亦曰道舉〔註8〕。

〔註1〕《舊唐書·高祖本紀》：「（武德七年）冬十月丁卯，幸慶善宮。癸酉，幸終南山，謁老子廟。」

〔註2〕《新唐書·高宗本紀》：「（乾封元年）二月己未，如亳州，祠老子，追號太上玄元皇帝。」

〔註3〕《舊唐書·高宗本紀》：「（上元元年）十二月，蔣王惲薨。戊子，于闐王伏闍雄來朝。辛卯，波斯王卑路斯來朝。壬寅，天后上意見十二條，請王公百僚皆習《老子》，每歲明經一準孝經、論語例試於有司。」

〔註4〕《新唐書·選舉志》：「（高宗）上元二年，加試貢士老子策，明經二條，進士三條。」

〔註5〕《舊唐書·禮儀志》：「（高宗）儀鳳三年五月，詔：『自今已後，道德經並爲上經，貢舉人皆須兼通。其餘經及論語，任依常式。』」

〔註6〕《舊唐書·玄宗本紀》：「（開元）二十一年春正月庚子朔，制令士庶家藏《老子》一本，每年貢舉人量減《尚書》、《論語》兩條策，加《老子》策。」
《舊唐書·選舉志》：「（玄宗）及注《老子道德經》成，詔天下家藏其書，貢舉人減《尚書》、《論語》策，而加試《老子》。」

〔註7〕《舊唐書·禮儀志》：「開元二十九年正月己丑，詔兩京及諸州各置玄元皇帝廟一所，置崇玄學。其生徒令習《道德經》及《莊子》、《列子》、《文子》等，每年準明經例舉送。……（天寶元年）詔：『古今人表，玄元皇帝升入上聖。莊子號南華眞人，文子號通玄眞人，列子號沖虛眞人，庚桑子號洞虛眞人。改《莊子》爲《南華眞經》，《文子》爲《通玄眞經》，《列子》爲《沖虛眞經》，《庚桑子》爲《洞虛眞經》。亳州眞源縣先天太后及玄元廟各置令一人。兩京崇玄學各置博士、助教，又置學生一百員。』……（天寶）二年正月丙辰，加玄元皇帝尊號『大聖祖』三字，崇玄學改爲崇玄館，博士爲學士，助教爲直學士，更置大學士員。」

〔註8〕《新唐書·選舉志》：「（開元）二十九年，始置崇玄學，習《老子》、《莊子》、《文子》、

在我國古代思想史上，曾出現過兩次輝煌時期：一次是自春秋戰國時代的百家爭鳴，最後由董仲舒整合成爲天人感應神學；一次是自魏晉玄學，經由三教（儒、道、佛）互補、三教合流的發展，最後由宋代理學家們整合爲理學。隋唐之時，正是處於由三教互補走向三教合流，亦即思想文化領域從自由發展，走向集中統一的轉變時期。

自東漢末年天人感應神學崩潰之後，士大夫們一直在建構新的精神支柱，終於逐漸在東晉後期形成了「三教互補」的模式。儒、道、佛三家學說互爲補充，從南北朝到隋唐，共同構成爲人們的精神支柱。唐代統治者對於儒、道、佛三教，一直任其自由發展，有時還主動調解三教的矛盾〔註 9〕。在爭論的過程中，三教均不約而同地強調「心」的作用，企圖依靠「心」的力量來約束人們的行爲〔註 10〕，而此一重大課題，也深刻地影響著唐代的老學。所以，雖然說唐代以道教爲國教，但唐代的《老子》注疏，以宗教造神或丹道養生爲主的卻不多見，反而是對於與「心」有關的倫理道德的探討〔註 11〕，卻格外顯得充分和突出〔註 12〕。儘管唐代的士人沒有完成內在權威的建構，但卻作了大量的理論探討，爲宋代理學的建立，奠定了堅實的基礎。

關於「心」與「性」的探討，在唐代是人們最爲關注的問題，人們通過對《老子》的注釋來談「心」言「性」〔註 13〕。早在唐初成玄英撰《道德經開題義疏》時，

《列子》，亦曰道舉。其生，京、都各百人，諸州無常員。官秩、蔭第同國子，舉送、課試如明經。」

〔註 9〕如唐德宗開了三教講論之例，皇帝們時常將儒生、和尚、道士召集在一起，令其闡述各自的理論觀點，進行爭辯論說，求同存異，既促進了三教之間理論上的相互借鑑，又在一定程度上淡化了三教之間的矛盾。

〔註 10〕荀子主「性惡」，主張用外在的法律規範來約束人們的行爲，後來的法家和董仲舒都繼承此一思想。而孟子則主「性善」，此一主張與「內在權威」，即「倫理道德權威」的建構有關。唐代中葉，韓愈、李翱等人重新發揚孟子的思想。佛教「一切眾生，皆有佛性」的說法，對於正在試圖將約束人們行爲的權威，由「外在」轉向「內在」的士人來說，是一個很大的啟示。

〔註 11〕根據時代的需要，唐人在注釋《老子》的時候，自覺地將如何建立內在權威的問題，擺在了首位。亦即想要通過倫理道德的力量，來約束人們的行爲，使其與社會的存在，保持一致。於是，對於心、理、情、欲、修身、養性等等問題的探討，則成了最爲重要的課題。

〔註 12〕參見熊鐵基、馬良懷、劉韶軍：《中國老學史》（福州：福建人民出版社，1995 年），頁 253～255。

〔註 13〕在《老子》這本書中，基本上不涉及「性」的問題。但關於「性」的探討，卻是唐代人們最爲關注的問題。於是，唐代士人在注《老子》的過程中，便吸收儒、佛二家的有關理論，對《老子》的學說進行一番改造，將《老子》的「道」、「自然」等理論轉化成爲「性」。例如：成玄英在《道德經開題義疏》卷五中云：「一切眾生，皆

就提出了「群生」應復其「自然之性」的理論。隨後，唐玄宗於其《道德眞經注》和《疏》中，以及陸希聲的《道德眞經傳》裡，亦有許多關於「復性」的論述〔註14〕。隨著「性」的恢復，進入一種少私寡欲、澹泊無爲的狀態，自然、個體與社會之間的關係也必將呈現出和諧的局面〔註15〕。

　　唐代有關注疏箋解《老子》的著作甚多，其內容也十分廣泛，有以道教觀點注《老》者，有以佛教理論注《老》者，有以儒家思想注《老》者，亦有以兵家眼光注《老》者〔註16〕。

　　唐及五代之老學著作，就內容及主旨而言，參考蕭天石之分類，大致上有演化派、儒林派、御注派、道教派、丹道派、佛學派、集解派、校勘派〔註17〕。而本文針對著作之形式來分類，大體上可別爲正文、傳注、義疏、音義、通論、專論、箚記、傳記、校勘、文粹等十類。

　　稟自然正性。」唐玄宗《道德眞經疏》卷一云：「人受生，皆稟虛極妙本，是爲眞性。」不過，此「性」旣不是儒家的「善性」或「惡性」，也不是佛教的「佛性」，而是從《老子》的「道」、「自然」等理論中轉化出來的一種以「靜」爲特質的東西。具體說來，就是少私寡欲、清靜澹泊、與世無爭。

〔註14〕唐玄宗《道德眞經疏》卷一云：「及受形之後，六根受染，五欲奔馳，則眞性離散，失妙本矣。」所以，修身治心，「化情復性」就成了必要。如在《老子》十六章「歸根曰靜，靜曰復命」句下，玄宗疏曰：「物歸根則安靜，人守靜則致虛。木之稟生者根，歸根故復命。人之稟生者妙本，令能守靜致虛，可謂歸復所稟之性命也。」陸希聲在《道德眞經傳》卷一中云：「好惡相繆，美惡無主，將何以正之哉？在乎復性而已。」、「聖人將復其性，先化其情。」、「夫人之性大同，而其情則異，……故聖人化情復性而至乎大同。」、「情復於性，動復於靜，則天理得矣。」

〔註15〕參見熊鐵基、馬良懷、劉韶軍：《中國老學史》（福州：福建人民出版社，1995年），頁260～263。

〔註16〕以佛釋老者，如成玄英；以儒釋老者，如陸希聲；以兵釋老者，如王眞。

〔註17〕丹道派：又稱修眞派。此派以煉養身心，雙修性命，涵合陰陽，渾一人天，而極於聖功神化，羽化登眞爲本旨。
　　集解派：又稱會注派。此派以網羅歷代各家注解，刪其蕪詞，節取精義，兼收并蓄，不主一門，復參己注，藉資會參博知爲旨要。
　　演化派有魏徵、孔穎達、孫思邈、李約、谷神子、松靈仙人等人；儒林派有陸希聲；御注派有唐睿宗、唐玄宗等人；道教派有李榮、尹文操、安丘、王玄辯、何思遠、任太玄、杜光庭、楊上器、強思齊等人；丹道派有司馬承禎、呂純陽等人；佛學派有成玄英；集解派有張道相（君相）、杜光庭等人；校勘派有顏師古。
　　（參見蕭天石：《道德經名注選輯七・序》（臺北：中國子學名著集成編印基金會，《中國子學名著集成》第52）。）

第一節　正文類

1. 《老子抄文》，一卷。佚。不著撰人。

   著錄：《日本國見在書目》。

   案：作者不詳，因藤原佐世之《日本國見在書目》約成於唐昭宗之時，故暫
   將此書附於唐代。

2. 《景龍三年道德經》，一卷。殘存。唐，不著撰人。

   案：伯希和 2347 號敦煌洪潤鄉寫本，今有《無求備齋老子集成初編》景印。

3. 《敦煌索洞玄書老子道德經》，一卷。殘存。唐，不著撰人。

   案：伯希和 2584 號寫本，今有《無求備齋老子集成初編》景印。據饒宗頤
   考證，此《索洞玄書》本與《想爾》本較爲接近〔註18〕。

4. 《天寶十載道德經》，一卷。殘存。唐，不著撰人。

   案：伯希和 2417 號敦煌神沙鄉寫本，今有《無求備齋老子集成初編》景印。

5. 《天寶十載道德經》，一卷。殘存。唐，不著撰人。

   案：斯坦因 6453 號敦煌玉關鄉寫本，今有《無求備齋老子集成初編》景印。

6. 《景龍二年道德經碑》，二卷。存。唐。

   案：易州龍興觀道德經碑，全存，在今河北省易縣，唐中宗景龍二年，西元
   708 年刊刻。額題「大唐景龍二年正月易州龍興觀爲□敬□道德經五千
   文」，今有《無求備齋老子集成初編》據國立北平研究院《考古專報》
   本景印。

7. 《開元二十六年道德經幢》，二卷。存。唐。

   案：易州龍興觀道德經幢，全存，在今河北省易縣，唐玄宗開元二十六年，
   西元 738 年刊刻。額題「太上玄元皇帝道德經大唐開元神武皇帝注」。
   今有《無求備齋老子集成初編》據國立北平研究院《考古專報》本景印。

8. 《開元二十七年道德經幢》，二卷。殘存。唐。

   案：邢州龍興觀道德經幢，在今河北省邢台縣，唐玄宗開元二十七年，西元
   739 年刊刻。額題「大唐開元聖文神武皇帝注道德經壹部」。今有《無

〔註18〕據饒宗頤考證，《想爾》本與《河上公章句》本「面目迥異」，而最接近《想爾》本
者，「厥爲索洞玄本，皆系師本也」。（參考饒宗頤：《老子想爾注校證》（上海：上海
古籍出版社，1991 年）。）

　　　　求備齋老子集成初編》據國立北平研究院《考古專報》本景印。

9. 《廣明元年道德經幢》，一卷。殘存。唐。

　　　案：江蘇鎮江焦山道德經幢，唐僖宗廣明元年，西元 880 年刊刻。僅存極小
　　　　　部分。今有《無求備齋老子集成初編》據國立北平研究院《考古專報》
　　　　　本景印。

10. 《景福二年道德經碑》，二卷。殘存。唐。

　　　案：易州龍興觀道德經碑，在今河北省易縣，唐昭宗景福二年，西元 893 年
　　　　　刊刻。額題「老子道德之經」。今有《無求備齋老子集成初編》據國立
　　　　　北平研究院《考古專報》本景印。

以上唐

11. 《雕板道德經》，二卷。佚。五代，張薦明撰。

　　　著錄：顧櫰三《補五代史藝文志》。

　　　案：顧櫰三《補五代史藝文志》著錄《雕板道德經》二卷，並注云：「和凝
　　　　　撰新序，天福中頒行。」宋・謝守灝《混元聖紀》記載：「晉高祖天福
　　　　　五年，賜張薦明號通玄先生，以道德二經雕上印版，命學士和凝別撰新
　　　　　序，冠於首卷，俾頒行天下。」

以上五代

　　　以上唐、五代合計十一部，其中存者二部，殘存七部，佚者二部。
　　　唐、五代正文類的老學著作，目前尚全存的有《景龍二年道德經碑》及《開元
二十六年道德經幢》。
　　　《景龍二年道德經碑》是目前可考最早的道德經碑。早在東漢靈帝時，即有熹
平石經以正定五經文字〔註19〕，但歷經魏晉六朝，都未曾替《老子》刊立石經。唐
代尊崇老學，以老子為祖先，遂有《道德經》經幢、經碑之刊立。自唐中宗以下，
目前可考者，唐玄宗、僖宗、昭宗都曾為《老子》刊立石經。雖然唐代最為壯觀的
「開成石經」並未將《老子》納入〔註20〕，但《道德經》經幢、經碑之刊刻數，已

〔註19〕《後漢書・靈帝紀》云：「熹平四年春三月，詔諸儒正定五經文字，刻石立於太學門
　　　　外。」
〔註20〕《舊唐書・文宗紀》云：「（開成二年冬十月）癸卯，宰臣判國子祭酒鄭覃進石壁九經
　　　　一百六十卷。時上好文，鄭覃以經義啟導，稍折文章之士，遂奏置五經博士，依後
　　　　漢蔡伯喈刊碑列於太學，創立石壁九經。」《資治通鑑・唐紀》云：「開成二年冬十
　　　　月，國子監石經成。」九經實是十二經。九經者，周易、尚書、毛詩、周禮、儀禮、

可謂眾矣。

　　《景龍二年道德經碑》僅刊刻《老子》五千文，並無任何注疏。但《開元二十六年道德經幢》卻有經文與唐玄宗之注文，此即《正統道藏》之《唐玄宗御注道德眞經》所採用之文本。唐玄宗注《老子》畢，於開元二十三年，令天下應修官齋諸州，皆於一大觀立石臺刊勒。

第二節　傳注類

1. 《老子要義》，五卷。佚。唐，魏徵撰。
　　著錄：杜光庭《道德眞經廣聖義·序》。

2. 《群書治要·老子》，一卷。存。唐，魏徵撰。
　　著錄：《舊唐書·經籍志》（《群書理要》）。
　　傳本：《無求備齋老子集成初編》影印清代蔣德鈞刊《實齋叢書》本，嚴氏將書名題作《老子治要》。
　　　案：《群書治要·老子》乃選錄《老子》部分要文並加以注解。《舊唐書·經籍志》作《群書理要》乃避高宗諱。

3. 《老子注》，不著卷數。佚。唐，郭雲撰。
　　　案：見范應元《老子道德經古本集註》之所引。

4. 《老子注》，二卷。佚。唐，傅奕撰。
　　著錄：杜光庭《道德眞經廣聖義·序》。
　　　《舊唐書·經籍志》、《新唐書·藝文志》、《通志》、吳士鑑《補晉書經籍志》。

5. 《老子注》，不著卷數。佚。唐，蔡子晃撰。
　　　案：見李霖《道德眞經取善集》之所引。原書已佚，今有蒙文通《道書輯校十種·晉唐〈老子〉古注四十家輯存》輯佚。

6. 《老子注》，二卷。佚。唐，成玄英撰。
　　著錄：《舊唐書·經籍志》。
　　　《新唐書·藝文志》。

禮記、春秋左氏傳、公羊傳、穀梁傳也。十二經者，九經加孝經、論語、爾雅也。（見傅師武光：《四書學考》（國立臺灣師範大學《國文研究所集刊》第十八期，1974 年），頁 38。）

案：原書已佚，今有蒙文通《道書輯校十種‧晉唐〈老子〉古注四十家輯存》輯佚。成玄英另有《道德經開題序訣義疏》七卷，蒙文通亦有輯佚並獲全璧。（本論文將成玄英《道德經開題序訣義疏》置於本章第三節（義疏類）。）

7. 《老子注》，不著卷數。佚。唐，孫思邈撰。

　　著錄：《新唐書‧藝文志》。

　　案：原書已佚，今有蒙文通《道書輯校十種‧晉唐〈老子〉古注四十家輯存》輯佚。

8. 《老子注》，二卷。佚。僵松子撰。

　　著錄：《通志》。

　　案：著作之年代不詳，《通志》將之列於李約之前，暫從之。

9. 《老子道德經注》，四卷。存。唐，李約撰。

　　著錄：《通志》（李納）。

　　　　《宋史‧藝文志》、《道藏目錄詳註》。

　　傳本：《正統道藏》。

　　案：《通志》「李納」疑爲「李約」之形誤。

10. 《老子道德經注》，二卷。殘存。唐，李榮撰。

　　著錄：杜光庭《道德眞經廣聖義‧序》（任眞子李榮注上下二卷）。

　　　　《舊唐書‧經籍志》（《老子道德經集解》四卷，任眞子注）、《新唐書‧藝文志》（任眞子集解四卷）、《通志》（三卷）、《宋史‧藝文志》、《道藏目錄詳註》（四卷）。

　　案：唐敦煌寫本殘卷，今有嚴靈峰《無求備齋老子集成初編》據伯希和 2594、2577、2864、3237 號寫本及斯坦因 2060 號寫本影印並輯校。今之《正統道藏》雖分四卷，實止〈老子道經〉上篇三十六章，〈道經〉末章與〈德經〉全部原闕。另有蒙文通《道書輯校十種》輯校《老子》李榮注，並獲全璧〔註21〕。據杜光庭《道德眞經廣聖義‧序》可得知「任眞子」即李榮。《舊唐書‧經籍志》與《新唐書‧藝文志》均著錄任眞子《集

〔註21〕《道藏》中前蜀強思齊《道德眞經玄德纂疏》幾乎全錄李榮注文。《道藏》中《道德眞經注疏》，原題顧歡撰，其中引李榮注。敦煌卷子中發現李榮注〈德經〉部分。另有兩種敦煌殘卷，題無名氏注，實爲李榮注，可補〈道經〉末章。蒙文通據上述諸本，輯校《老子》李榮注，獲全璧，並題〈跋〉敘述輯校本末。（見朱越利：《道藏分類解題》（北京：華夏出版社，1996 年），頁 6。）

解》四卷，然而敦煌殘卷與《正統道藏》俱非「集解」體裁。故而新、舊《唐書》所著錄之《集解》不知是曾經存在卻散佚，抑或是並非集解，而是著錄有誤，暫存疑。

11. 《老子注》，不著卷數。佚。唐，黃玄贖撰。

案：見焦竑《老子翼・附錄》之所引。

12. 《老子注》，二卷。佚。唐，楊上善撰。

著錄：《舊唐書・經籍志》。

《新唐書・藝文志》、《通志》（楊善上）。

13. 《道德集注真言》，二十卷。佚。唐，楊上善撰。

著錄：杜光庭《道德眞經廣聖義・序》。

14. 《老子簡要義》，五卷。佚。唐，尹文操撰。

著錄：杜光庭《道德眞經廣聖義・序》。

15. 《老子注》，二卷。佚。唐，辟閭仁諝撰。

著錄：《舊唐書・經籍志》。

《新唐書・藝文志》、《通志》。

16. 《老子注》，二卷。佚。唐，盧藏用撰。

著錄：《新唐書・藝文志》。

《通志》。

17. 《老子注》，不著卷數。佚。唐，白履忠撰。

著錄：《新唐書・藝文志》。

18. 《老子注》，不著卷數。佚。唐，馮朝隱撰。

著錄：《新唐書・藝文志》。

19. 《老子注》，不著卷數。佚。唐，尹知章撰。

著錄：《新唐書・藝文志》。

20. 《老子注》，二卷。存。唐，玄宗撰。

著錄：《新唐書・藝文志》。

《崇文總目》、《通志》、《文獻通考》、《宋史・藝文志》、《道藏目錄詳註》（四卷）。

傳本：《正統道藏》〔註22〕。

21. 《三玄異義》，三十卷。佚。唐，帥夜光撰。
　　著錄：《新唐書・藝文志》。

22. 《老子注》，不著卷數。佚。唐，邢南和撰。
　　著錄：《新唐書・藝文志》。

23. 《老子新義》，十五卷。佚。唐，尹愔撰。
　　著錄：杜光庭《道德眞經廣聖義・序》

24. 《老子莊子周易義略》，三卷。佚。唐，李含光撰。
　　著錄：《新唐書・藝文志》。

25. 《老子注》，不著卷數。佚。唐，吳筠撰。
　　　案：見李霖《道德眞經取善集》之所引。

26. 《意林・道德經》，一卷。存。唐，馬總撰。
　　著錄：《道藏目錄詳註》（《意林》）。
　　傳本：《正統道藏》、《無求備齋老子集成初編》景印清刊《武英殿聚珍叢書》
　　　　　本，嚴氏將書名題作《老子意林》。
　　　案：《正統道藏》錄馬總《意林》五卷，其卷一題「道德經二卷」，節錄《老
　　　　子》之要文，並略爲精簡河上公之注文，或自撰注文。

27. 《老子注》，不著卷數。佚。唐，秦系撰。
　　　案：見焦竑《老子翼・附錄》之所引。

28. 《老子注》，二卷。佚。唐，吳善經撰。
　　著錄：《新唐書・藝文志》。
　　　　　《通志》。

29. 《老子指歸注》，十三卷。佚。唐，馮廓撰。
　　著錄：《舊唐書・經籍志》（《老子指歸》）。

〔註22〕《唐玄宗御注道德眞經》四卷，唐玄宗撰。本書鮮見其它傳本。唐玄宗於開元二十年
　　　　（732 年）或二十一年（733 年）注《老子》，刻於石幢立在各州龍興觀、開元觀前。
　　　　今所存者，惟易州本、邢州本而已。諸碑記和敦煌卷子易州龍興觀碑本之文字有關。
　　　　本書即易州龍興觀碑本，爲完帙，可補它本之闕。（見朱越利：《道藏分類解題》（北
　　　　京：華夏出版社，1996 年），頁 6。）

《新唐書・藝文志》(《老子指歸》)。

案：《正統道藏》之嚴遵《道德眞經指歸》十三卷，書題「谷神子注」，每句下有簡單注文，晁公武疑即馮廓之《老子指歸》。晁公武《郡齋讀書志》云：「《唐志》有嚴遵《指歸》十四卷，馮廓注《指歸》十三卷，此本有序、注，而題谷神子，疑即廓也。」

新、舊《唐書》均只著錄馮廓《老子指歸》，並未指明其爲「注」，但依晁公武之言，《老子指歸》下當有「注」字，因此暫將此書定名爲《老子指歸注》。

30. 《道德經傳》，四卷。存。唐，陸希聲撰。

著錄：《新唐書・藝文志》。

《崇文總目》、《通志》、《文獻通考》、《宋史・藝文志》(陸氏)、《道藏目錄詳註》。

傳本：《正統道藏》、《無求備齋老子集成初編》景印清代錢熙祚刊《指海》本。

31. 《道德經釋義》，二卷。存。唐，呂嵒撰。

傳本：《無求備齋老子集成續編》景印明萬曆李宗業刊本、清光緒蔭餘善堂刊本。

案：作者呂嵒，字洞賓，世人多稱作「純陽呂仙」、「純陽帝君」、「純陽子」。

32. 《老子集注》，四卷。佚。唐，張道相撰。

著錄：《舊唐書・經志》。

《新唐書・藝文志》、《通志》、《文獻通考》(張君相《老子三十家注》八卷)、《宋史・藝文志》(張君相《老子道德經三十家注》六卷)、《四庫未收書目提要》(張君相《道德眞經集解》八卷)。

案：原書已佚，今有蒙文通《道書輯校十種・晉唐〈老子〉古注四十家輯存》輯佚。

張道相即張君相。《正統道藏》之《道德眞經註疏》八卷，原題爲顧歡撰，實誤，嚴靈峰疑爲唐人依張君相之《老子三十家注》殘本補輯而成〔註23〕。嚴靈峰《無求備齋老子集成初編》之顧歡《道德經注疏》影印清・劉承幹刊《嘉業堂叢書》本，但劉承幹卻在〈跋〉中認爲此書應爲張君相之《三十家道德經集解》。

33. 《老子道德經內節解》，二卷。佚。尹先生撰。

〔註23〕參見嚴靈峰：《周秦漢魏諸子知見書目》(台北：中華書局，1991 年)，第一冊，頁78。

著錄：杜光庭《道德眞經廣聖義·序》（《老子內解》上下篇，尹喜）。

《宋史·藝文志》。

案：《宋史·藝文志》所稱之「尹先生」疑指「尹喜」，唯稱「尹喜」，當屬偽託，眞實作者不詳。杜光庭《道德眞經廣聖義·序》著錄《老子內解》上、下篇，並注云：「尹喜以內修之旨解注」。因《道德眞經廣聖義·序》成於唐昭宗天復元年，此書既爲杜氏所引，故此書應不晚於唐，今將此書暫附於唐。

34. 《老子注》，不著卷數。佚。松靈仙人撰。

著錄：杜光庭《道德眞經廣聖義·序》。

案：原書已佚，今有蒙文通《道書輯校十種·晉唐〈老子〉古注四十家輯存》輯佚。著作之年代不詳，但應成書於《道德眞經廣聖義》之前。

35. 《老子注》，四卷。佚。徐邈撰。

著錄：杜光庭《道德眞經廣聖義·序》。

案：著作之年代不詳，但應成書於《道德眞經廣聖義》之前。

36. 《老子注義》，四卷。佚。黎元興撰。

著錄：杜光庭《道德眞經廣聖義·序》。

案：同前。

37. 《老子注》，二卷。佚。任太玄撰。

著錄：杜光庭《道德眞經廣聖義·序》。

案：同前。

38. 《老子集解》，四卷。佚。龔法師撰。

著錄：杜光庭《道德眞經廣聖義·序》。

案：同前。

39. 《老子契源注》，二卷。佚。王光庭撰。

著錄：杜光庭《道德眞經廣聖義·序》。

案：同前。

40. 《老子注》，二卷。佚。王鞬撰。

著錄：杜光庭《道德眞經廣聖義·序》。

案：同前。

41. 《太上玄元皇帝道德經注》，二卷。佚。楊上器撰。

　　著錄：《舊唐書・經籍志》。

　　　案：著作之年代不詳，既爲《舊唐書・經籍志》所錄，應不晚於唐，故暫附於唐。

42. 《老子注》，二卷。佚。樹鍾山撰。

　　著錄：《舊唐書・經籍志》。

　　　　《新唐書・藝文志》、《通志》(鍾樹山)。

　　　案：同前。

43. 《老子注》，二卷。佚。陳嗣古撰。

　　著錄：《舊唐書・經籍志》。

　　　　《新唐書・藝文志》、《通志》。

　　　案：同前。

44. 《老子注》，二卷。佚。李允愿撰。

　　著錄：《舊唐書・經籍志》。

　　　　《新唐書・藝文志》、《通志》。

　　　案：同前。

以上唐

45. 《老子注》，不著卷數。佚。宋忠撰。

　　　案：見范應元《老子道德經古本集註》之所引。著作之年代不詳，因范應元爲南宋人，既稱之爲「古本」，故暫附於唐、五代之屬。

46. 《老子注》，不著卷數。佚。王誗撰。

　　　案：同前。

47. 《老子注》，不著卷數。佚。馬誕撰。

　　　案：同前。

以上五代

　　以上唐、五代合計四十七部，其中存者六部，殘存一部，佚者四十部。

　　唐、五代傳注類的老學著作，尚存的有魏徵《群書治要・老子》、李約《老子道德經注》、玄宗《老子注》、馬總《意林・道德經》、陸希聲《道德經傳》、呂嵒《道德經釋義》；殘存的爲李榮《老子道德經注》。

唐代以道教爲國教，因此注《老》的學者很多具有道士的身分。丞相魏徵曾爲道士〔註24〕，其他如成玄英、尹文操、徐邈、黎元興、任太玄、呂喦都具有道士的身分，而宗文明則是法師〔註25〕。唐代的統治者，曾爲《老子》作注的爲玄宗。玄宗之《老子注》乃明窮理盡性、閉緣息想、坐忘遺照、捐事無爲、治身治國之要〔註26〕，論述「妙本」，闡發道教哲學。

唐王朝讓儒、道、佛三教自由發展，因此以儒釋《老》、援佛解《老》的著作不少。援佛解《老》者如成玄英，以儒釋《老》則如陸希聲。陸希聲之注，乃以道爲體、以名爲用、以仁義爲道德。而不藉儒、佛者如李約、呂喦。李約以爲《老子》是闡明清心養氣、無爲保國之術，六經則是「黃老」的枝葉。

第三節　義疏類

1. 《道德經開題序訣義疏》，七卷。殘存。唐，成玄英撰。

　　著錄：《新唐書・藝文志》。

　　　　《通志》、《崇文總目》、《宋史・藝文志》。

　　案：唐敦煌寫本殘卷，法國巴黎國立圖書館藏。伯希和 2353 號寫本爲成玄英《老子開題》一卷；伯希和 2517 號寫本爲成玄英《老子義疏》一卷。今有嚴靈峰《無求備齋老子集成初編》影印並輯校，另有蒙文通《道書輯校十種》輯校並獲全璧〔註27〕。

2. 《老子義疏》，十卷。佚。唐，胡超撰。

　　著錄：杜光庭《道德眞經廣聖義・序》。

3. 《老子述義》，十卷。佚。唐，賈大隱撰。

　　著錄：《舊唐書・經籍志》。

〔註24〕魏徵生於周靜帝太成二年，卒於唐貞觀十七年。隋亂，隱嵩山爲道士。唐太宗時爲丞相、諫議大夫。

〔註25〕參見杜光庭《道德眞經廣聖義・序》。

〔註26〕參見嚴靈峰：《周秦漢魏諸子知見書目》（台北：中華書局，1991 年），第一冊，頁67。

〔註27〕前蜀強思齊《道德眞經玄德纂微》，以唐玄宗注、疏爲主，輔以河上公、嚴君平、李榮注和成玄英疏。幾乎全部引用，不參己見。另外《道藏》中原題顧歡《道德眞經注疏》引成玄英疏，宋李霖《道德眞經取善集》採成玄英疏十幾條。鳴沙影印本敦煌卷子《老子義疏》，是成玄英疏的殘卷。蒙文通輯校上述諸本，獲唐成玄英《老子疏》全璧，並題〈敍錄〉記其本末。（參見朱越利：《道藏分類解題》（北京：華夏出版社，1996 年），頁9。）

《新唐書‧藝文志》、《通志》。

4. 《老子疏》，不著卷數。佚。唐，睿宗撰。

案：《宋史‧藝文志》著錄：「谷神子註經《諸家道德經疏》」，並注曰：「河
上公、葛仙公、鄭思遠、睿宗、玄宗疏」，故推知應有唐睿宗之《老子
疏》。

5. 《老子疏》，八卷。存。唐，玄宗撰。

著錄：《新唐書‧藝文志》。

《崇文總目》（《道德疏》六卷）、《通志》、《宋史‧藝文志》（《道德經音疏》六卷）、《道
藏目錄詳註》（十卷又四卷）。

傳本：《正統道藏》。

案：《正統道藏》之《唐玄宗御製道德眞經疏》十卷又四卷，前十卷確爲唐
玄宗御製，後四卷應爲喬諷之《道德經疏義節解》〔註28〕。

6. 《老子疏》，不著卷數。佚。唐，陳庭玉撰。

著錄：《新唐書‧藝文志》。

7. 《老子述義》，十一卷。佚。唐，賈至撰。

著錄：杜光庭《道德眞經廣聖義‧序》。

8. 《諸家道德經疏》，二卷。佚。唐，谷神子撰。

著錄：《宋史‧藝文志》。

案：晁公武疑谷神子即唐時人馮廓〔註29〕。

9. 《老子義疏》，四卷。佚。唐，王顧撰。

著錄：《通志》。

《宋史‧藝文志》（《老子道德經疏》）。

10. 《老子疏》，七卷。佚。車弼撰。

著錄：杜光庭《道德眞經廣聖義‧序》。

〔註28〕日人武內義雄疑其爲後蜀喬諷所撰《老子疏節解》（見《老子研究》）。本書鮮見其它
傳本。其卷前有《道德眞經疏外傳》，開列當時所流傳的注疏六十餘家，錄自前蜀杜
光庭《道德眞經廣聖義‧序》。其注廣引古籍，注釋本義，申明唐玄宗注疏之義。（見
朱越利：《道藏分類解題》（北京：華夏出版社，1996 年），頁 7。）
〔註29〕《正統道藏》之嚴遵《道德眞經指歸》十三卷，書題「谷神子注」，晁公武疑即馮廓
之《老子指歸》。晁公武《郡齋讀書志》云：「《唐志》有嚴遵《指歸》十四卷，馮廓
注《指歸》十三卷，此本有序、注，而題谷神子，疑即廓也。」

案：著作之年代不詳，但應成書於《道德眞經廣聖義》之前。原書已佚，今
　　有蒙文通《道書輯校十種・晉唐〈老子〉古注四十家輯存》輯佚。

11. 《老子河上公釋義》，十卷。佚。王玄辯撰。
　　著錄：杜光庭《道德眞經廣聖義・序》。
　　案：著作之年代不詳，但應成書於《道德眞經廣聖義》之前。原書已佚，今
　　　　有蒙文通《道書輯校十種・晉唐〈老子〉古注四十家輯存》輯佚。蒙文
　　　　通認爲：顧歡《注疏》多引「王曰」，皆與王弼不同，多言仙道，疑即
　　　　《杜序》所稱「道士王玄辯作《河公釋義》十卷」者〔註30〕。

12. 《道德經志玄疏》，四卷。佚。張惠超撰。
　　著錄：杜光庭《道德眞經廣聖義・序》。
　　　　　《宋史・藝文志》（三卷）。
　　案：著作之年代不詳，但應成書於《道德眞經廣聖義》之前。

13. 《老子講疏》，六卷。佚。趙堅撰。
　　著錄：杜光庭《道德眞經廣聖義・序》。
　　案：同前。

14. 《老子疏》，五卷。佚。申甫撰。
　　著錄：杜光庭《道德眞經廣聖義・序》。
　　案：同前。

15. 《道德真經廣聖義》，三十卷。存。唐，杜光庭撰。
　　著錄：《崇文總目》（《道德經廣聖義》）。
　　　　　《通志》（《道德經廣聖義》）、《文獻通考》（《道德經廣聖義》）、《宋史・藝文志》（《道德經
　　　　　廣聖義》）、《道藏目錄詳註》（五十卷）、顧懷三《補五代史藝文志》（《道德經廣聖義
　　　　　疏》）。
　　傳本：《正統道藏》。

16. 《道德真經玄德纂疏》，二十卷。存。唐，強思齊撰。
　　著錄：《道藏目錄詳註》。
　　傳本：《正統道藏》。

17. 《老子講疏》，四卷。佚。不著撰人。

〔註30〕參見蒙文通：《道書輯校十種》（成都：巴蜀書社，2001 年），頁 252。

著錄：《舊唐書・經籍志》。

案：史志未著撰人，暫附於唐。

以上唐

18. 《道德經疏義節解》，四卷。存。五代，喬諷撰。

著錄：《崇文總目》(上下各二卷)。

《文獻通考》(《道德經疏節解》四卷)、《宋史・藝文志》(二卷)、顧櫰三《補五代史藝文志》(二卷)。

傳本：《正統道藏》(原題《唐玄宗御製道德眞經疏》之後四卷)。

案：《正統道藏》之《唐玄宗御製道德眞經疏》十卷又四卷，前十卷確爲唐玄宗御製，後四卷應爲喬諷之《道德經疏義節解》〔註31〕。

19. 《道德經疏義》，十卷。佚。五代，僧文儻撰。

著錄：《宋史・藝文志》。

顧櫰三《補五代史藝文志》。

以上五代

以上唐、五代合計十九部，其中存者四部，殘存一部，佚者十四部。

唐、五代義疏類的老學著作，尙存的有玄宗《老子疏》、杜光庭《道德經廣聖義》、喬諷《道德經疏義節解》、強思齊《道德眞經玄德纂疏》；殘存的爲成玄英《道德經開題序訣義疏》。

唐代爲《老子》作義疏者，多具有道士身分，如成玄英、胡超、張惠超、車弼、王玄辯、申甫、杜光庭等，而趙堅則是法師〔註32〕。唐代的統治者，睿宗及玄宗都曾爲《老子》義疏。喬諷《道德經疏義節解》明修身治國之方，申明唐玄宗注疏之義〔註33〕。

成玄英雖是一名道士，但其《道德經開題序訣義疏》卻是援佛釋《老》。身爲一名道士卻利用佛教來闡釋道教經典，由此亦可佐證當時三教逐漸融合的狀況。成玄英對佛教的援引運用，還顯得有些生硬〔註34〕，一些佛教的固定用語，也原封不動地搬

〔註31〕 參見朱越利：《道藏分類解題》(北京：華夏出版社，1996 年)，頁 7；並參見嚴靈峰：〈喬諷道德經疏義節解改版序〉(臺北：藝文印書館，《無求備齋老子集成初編》第四函)。

〔註32〕 參見杜光庭《道德眞經廣聖義・序》。

〔註33〕 《崇文總目》注云：「奉詔以明皇《注》、《疏》、杜光庭《義》掇其要，以己意解釋之。」

〔註34〕 如在《老子》第二章「天下皆知美之爲美，斯惡也」句下，成玄英注曰：「言一切蒼

過來〔註35〕。而且成玄英還將道家聖人的形象，塑造成好似佛教中的菩薩〔註36〕。

在走向「三教合流」的時代潮流中，唐末杜光庭的《道德眞經廣聖義》即以三教思想釋《老》。所謂的「廣聖義」乃是指對玄宗老學思想的推廣和擴充〔註37〕。唐玄宗的《道德眞經注》和《道德眞經疏》，對儒、釋、道三教的理論都有充分的反映。因此杜光庭便在玄宗的基礎上繼續發展，試圖將儒、釋、道三教合流。但身爲一名道士，杜光庭在雜採眾說之時，亦導入了道教神學。杜光庭於政治學說上是儒、道兼用，例如其對《老子》「往而不害安平泰」的解釋，便揉合了道家的「崇道」、「尚柔」和儒家的「仁政」、「懷柔致遠」等思想〔註38〕。而杜光庭在人生修養上，則是佛、道、儒三教的思想均予以採納〔註39〕。另外杜光庭《道德眞經廣聖義》之序文，列舉歷代詮疏箋注《老子》者六十一家〔註40〕並略加注，其中有許多注家是史志所

生莫不耽滯諸塵，而妄執美惡。逆其心者遂起憎嫌，名之爲惡。順其意者，必生愛染，名之爲美。不知諸法即有即空，美惡即空，何憎何愛？」

〔註35〕如在《老子》第二十七章下，成玄英注說：「此章内文有四重：第一明重靜之人，三業清淨；第二明重靜之人結願堅固，六根解脱；第三明降跡慈救應物無遺；第四示師資之道，修學之妙而言之也。」其中「三業」、「六根」即是佛教的固定用語。

〔註36〕在《老子》第二十七章「是以聖人常善救人而無棄人」句下，成玄英注曰：「聖人即是前三業清淨，六根解脱之人也。爲能發弘誓願救度眾生，故常在世間，有感斯應，慈善平等，終不遺棄也。」道家的聖人，應指能以道家無爲而治的思想治國安民的最高統治者，但經過成玄英的這一番注解，竟成了佛教中大慈大悲的菩薩了。

〔註37〕杜光庭的《道德眞經廣聖義》，是以玄宗的《道德眞經注》和《道德眞經疏》爲文本。因此，在著書體例上，《道德眞經廣聖義》不僅引用、注釋《老子》的原文，而且還援引、解釋玄宗《注》、《疏》的原文，於此之中融入己見予以推廣發揮，闡明自己的老學思想。

〔註38〕對《老子》的「往而不害安平泰」句，杜光庭解釋說：「四方之人慕我道德，觀風候日歸於聖人。聖人因而綏安養之，不以教令督責之，不以刑法傷害之，故遠近之人安其太平之政矣。政教和平，人俗康泰，然後功業光大。……論語曰：遠人不服，修文德以來之。既來之，則安之。斯則帝道皇風，無遠不屆矣。」（見《道德眞經廣聖義》卷二十八。）

〔註39〕例如《道德眞經廣聖義》卷三十六曰：「人之稟生有三業十惡。三業者，一身二心三口業也。十惡者，身業有三惡：一殺生，二偷盜，三邪淫；心業亦有三惡：一貪欲，二嗔怒，三愚癡；口業有四惡：一兩舌，二惡口，三妄言，四綺語。……人能制伏三業十惡，則可得道長生。……人若縱生三業十惡，則必從生趣死。」如同儒家的「性惡論」一樣，杜光庭依據佛教思想認爲，每個人都有一與生俱來的「惡」，若任其發展，不予約束，便會帶來災難性的後果。

〔註40〕杜光庭《道德眞經廣聖義》之序文，所列舉之六十一家爲：《節解》、《内解》、想爾、河上公、嚴君平、王弼、何晏、郭象、鍾會、孫登、羊祜、羅什、圖澄、僧肇、陶弘景、盧裕、劉仁會、顧歡、松靈仙人、裴楚恩、杜弼、張憑、梁武帝、梁簡文帝、張嗣、臧玄靜、孟安排、孟智周、竇略、諸糅、劉進喜、李播、傅奕、魏徵、宗文明、胡超、安丘、尹文操、韋錄、王玄辯、尹愔、徐邈、何思遠、薛季昌、王鞮、

未著錄者。

　　強思齊《道德眞經玄德纂疏》乃爲集解之形式。該書以唐玄宗注、疏爲主，輔以河上公、嚴遵、李榮注和成玄英疏，幾乎全部引用，不參己見。嚴遵《老子指歸》、李榮《老子注》和成玄英《老子疏》失佚已久，《道德眞經玄德纂疏》對上述三部書的還原、傳世，顯有大功。另外《正統道藏》之《道德眞經註疏》，原題爲顧歡撰，但劉承幹卻在清刊本〈跋〉中認爲此書應爲張君相之《三十家道德經集解》。《道藏》本乃爲殘本，其所引之注家尚存二十二家，其中有不少佚文，對後世的輯佚工作甚有幫助。

第四節　音義類

1. 《老子音義》，二卷。佚。唐，傅奕撰。
　　　著錄：杜光庭《道德眞經廣聖義・序》。
　　　　　　《新唐書・藝文志》、《宋史・藝文志》、吳士鑑《補晉書經籍志》。

以上唐

2. 《三家老子音義》，一卷。佚。五代，徐鉉撰。
　　　著錄：《宋史・藝文志》(徐玄)。
　　　　　　顧懷三《補五代史藝文志》。
　　　案：王應麟《玉海藝文》云：「徐鉉補正唐陸德明、傅奕二家音義。」故名「三家」。

以上五代

　　以上唐、五代合計二部，二部皆佚。
　　唐、五代音義類的老學著作，因全部佚失，故不得其詳。

第五節　通論類

1. 《玄言新記明老部》，四卷。殘存。唐，顏師古撰。
　　　案：唐敦煌寫本殘卷，伯希和 2462 號寫本，法國巴黎國立圖書館藏。今有

趙堅、楊上善、賈至、車弼、李榮、黎元興、王光庭、張惠超、龔法師、任太玄、申甫、張君相、成玄英、王眞、符少明、唐玄宗。

　　　　《無求備齋老子集成初編》影印。

2. 《老子道德指略論》，二卷。佚。唐，楊上善撰。
　　著錄：《舊唐書‧經籍志》。
　　　　《新唐書‧藝文志》（《道德經三略論》三卷）。

3. 《老子金繩》，十卷。佚。唐，薛季昌撰。
　　著錄：杜光庭《道德眞經廣聖義‧序》。

4. 《老子事數》，一卷。佚。唐，薛季昌撰。
　　著錄：杜光庭《道德眞經廣聖義‧序》。

5. 《老子金鈕》，一卷。佚。唐，賈至撰。
　　著錄：杜光庭《道德眞經廣聖義‧序》。

6. 《道譜策》，二卷。佚。符少明撰。
　　著錄：杜光庭《道德眞經廣聖義‧序》。
　　案：著作之年代不詳，此書既爲杜氏所引，故將此書暫附於唐。

7. 《道德經譜》，二卷。佚。扶少明撰。
　　著錄：《崇文總目》。
　　　　《通志》、《文獻通考》、《宋史‧藝文志》。
　　案：疑即前書。「扶少明」疑即「符少明」，但不知「扶」與「符」何者正確。

8. 《老子指歸》，五卷。佚。安丘撰。
　　著錄：杜光庭《道德眞經廣聖義‧序》。
　　案：著作之年代不詳，此書既爲杜氏所引，故將此書暫附於唐。

9. 《老子指趣》，二卷。佚。何思遠撰。
　　著錄：杜光庭《道德眞經廣聖義‧序》。
　　案：同前。

10. 《老子玄示》，八卷。佚。何思遠撰。
　　著錄：杜光庭《道德眞經廣聖義‧序》。
　　案：同前。

11. 《老子玄珠》，三卷。佚。王鞮撰。
　　著錄：杜光庭《道德眞經廣聖義‧序》。

　　　案：同前。

12. 《老子口訣》，二卷。佚。王鞭撰。

　　著錄：杜光庭《道德眞經廣聖義・序》。

　　　案：同前。

13. 《老子十條略》，一卷。佚。燕若士撰。

　　著錄：《日本國見在書目》。

　　　案：著作之年代不詳，因《日本國見在書目》約成於唐昭宗之時，故暫將此
　　　　　書附於唐代。

14. 《老子德論略》，一卷。佚。不著撰人。

　　著錄：《日本國見在書目》。

　　　案：同前。

15. 《老子贊論》，二卷。佚。不著撰人。

　　著錄：《日本國見在書目》。

　　　案：同前。

16. 《老子心鏡》，一卷。佚。崔少元撰。

　　著錄：《新唐書・藝文志》。

　　　　　《崇文總目》、《通志》（崔少元撰，王守愚注）。

　　　案：著作之年代不詳，既爲《新唐書・藝文志》所錄，應不晚於唐，故暫附
　　　　　於唐。

17. 《老子昌言》，二卷。佚。呂氏撰。

　　著錄：《新唐書・藝文志》。

　　　　　《通志》。

　　　案：同前。

以上唐

18. 《新序雕板道德經》。佚。五代，和凝撰。

　　著錄：顧櫰三《補五代史藝文志》。

　　　案：顧櫰三《補五代史藝文志》著錄《雕板道德經》二卷，並注云：「和凝
　　　　　撰新序，天福中頒行。」宋・謝守灝《混元聖紀》記載：「晉高祖天福
　　　　　五年，賜張薦明號通玄先生，以道德二經雕上印版，命學士和凝別撰新

序，冠於首卷，俾頒行天下。」

以上五代

以上唐、五代合計十八部，其中殘存一部，佚者十七部。

唐、五代通論類的老學著作，僅殘存顏師古的《玄言新記明老部》。《玄言新記明老部》主要是說明《老子》一書各章的章旨，其於〈佳兵章〉下並云：「嫌此非老子所作」，是其時顏師古已對當時流傳之版本存疑。

第六節　專論類

1. 《道德經論兵要義述》，四卷。存。唐，王真撰。

　著錄：《通志》（《道德經兵論要義述》）。

　　　　《道藏目錄詳註》（《道德眞經論兵要義述》）。

　傳本：《正統道藏》、《無求備齋老子集成初編》景印清代錢熙祚刊《指海》本。

以上唐

2. 《道體論》，一卷。存。通玄先生撰。

　著錄：《通志》。

　　　　《崇文總目》、《宋史·藝文志》、《道藏目錄詳註》。

　傳本：《正統道藏》。

　案：作者之眞實姓名不詳，疑爲五代晉之張薦明〔註41〕。

以上五代

以上唐、五代合計二部，二部皆存。

唐、五代專論類的老學著作，收得兩部，兩部皆存。論「道」之作，歷代均有之，但以《老子》論「兵」之作，卻歷來罕見。歷史上許多著名的人物，如蘇轍、王夫之、章太炎等，都曾將《老子》視爲一部兵書。然而，將《老子》視作兵書且予以系統言說，就目前可考的文獻而言，則只有唐代的王眞一人。雖然《隋書·經

〔註41〕（宋）謝守灝《混元聖紀》記載：「晉高祖天福五年，賜張薦明號通玄先生。」又朱越利考證認爲：「唐代張果與五代晉之張薦明皆號通玄先生。《新五代史》卷34〈張薦明傳〉稱薦明爲道士，通老、莊之說，並引其對高祖石敬瑭之言，與本論旨意相合。本論蓋張薦明之作。」（見朱越利《道藏分類解題》（北京：華夏出版社，1996年），頁50。）

籍志》曾著錄《老子兵書》，但已佚失，作者也不詳。目前尚存可考且年代最早的，就屬王眞的《道德經論兵要義述》了。

　　王眞認爲《老子》五千言「夫深衷微旨，未嘗有一章不屬意於兵也。」〔註42〕王眞從「兵書」的角度對《老子》八十一章予以新的詮釋，但爲了「言兵」之需要，王眞難免有穿鑿附會之嫌〔註43〕。王眞生於唐代中葉，目睹了戰爭的殘酷，所以王眞認爲：「天下之害，莫大於用兵；天下之利，莫大於戢兵。」〔註44〕雖然王眞將《老子》視爲一部兵書，但他並非利用《老子》去指導用兵作戰，而是想要藉用《老子》的思想去弭兵偃武。

　　王眞認爲，天下之所以戰火不息，其根本原因在於人們好「爭」〔註45〕。爲此，要消除戰爭，其首要任務在於「息爭」〔註46〕。王眞將息兵的重點放在了帝王的身上，勸告帝王遵從《老子》「清靜無爲」的統治方式〔註47〕，並要懂得「曲全之道」〔註48〕。

〔註42〕見王眞〈進道德經論兵要義述敘表〉。
〔註43〕例如王眞解釋《老子》第十章說：「魄者，陰之質也。一者，陽之精也。此言人君常當抱守一氣，專致柔和，使如嬰兒之德善也。滌除玄覽，欲其洗心內照，志無瑕穢也。愛人治國，能無爲者，夫欲治其國先愛其人，欲愛其人先當無爲。無爲者，即是無爲兵戰之事。兵戰之事，爲害之深。欲愛其人，先去其害。故曰：無爲兵戰之事也。」
　　又如王眞解釋《老子》第七十三章說：「此章言人君若果敢而爲勇猛者，必好兵強於天下而殘殺其人也。若果敢不爲勇猛者，必務道行於域中而全活其人也。故曰此兩者有利有害。夫天之所惡者，好殺之人也。聖人知之久矣。今又言猶難之者，蓋重戒之極也。」
〔註44〕見《道德經論兵要義述》卷二。
〔註45〕《道德經論兵要義述》卷一，王眞云：「又爭之徒眾矣。今臣略舉梗概，皆起於無思慮，無禮法，不畏懼，不容忍。故亂逆必爭，剛強必爭，暴慢必爭，忿至必爭，奢泰必爭，矜伐必爭，勝尚必爭，違慢必爭，進取必爭，勇猛必爭，愛惡必爭，專恣必爭，寵嬖必爭。夫如是，王者有一於此則師興於海內，諸侯有一於此則兵交於其國，卿大夫有一於此則賊亂於其家，士庶人有一於此則害成於其身。」
〔註46〕《道德經論兵要義述》卷一，王眞云：「夫無爲者，戰兵之源，不爭者，息戰之本。」又《道德經論兵要義述》卷四，王眞云：「一家不爭，即鬥訟息矣。一國不爭，即戰陣息矣。天下不爭，則征伐息矣。夫鬥訟息於家，戰陣息於國，征伐息於天下，此聖人之理也。故曰聖人之道，爲而不爭，其此之謂與。」
〔註47〕《道德經論兵要義述》卷三，王眞云：「夫人君則天效地，恭己正南面，無爲於上，垂拱而已。無不爲於下，各有司存自然，百度惟貞，萬物咸若。」又云：「夫聖人少思寡欲，偃武修文，自然無所云爲也。……又聖人爲君，常無爲無事。以百姓心爲心，乃可以取天下之心也。」
〔註48〕《道德經論兵要義述》卷二，王眞云：「曲者，謂柔順屈曲之意也。……是以聖人抱一者，唯抱此此曲全之道，以爲天下之法式也。」又云：「夫唯不爭，故天下莫能與之爭。天下莫能與之爭則兵戰自然息矣。故曰：古之所謂曲則全者，豈虛言哉？誠以此曲全之道而歸根於正靜者也。治軍治國之道，先此爲妙也。」

王眞認爲，《老子》中的「清靜無爲」思想，主要是「無爲於兵戰之事」〔註49〕。

《道德經論兵要義述》的重點雖是「息戰」，但對於「用兵」之道，還是有所涉及。一是言用兵貴密，機要之事，不可外洩〔註50〕。二是言用兵以奇〔註51〕。三是言兵不可輕敵，輕敵必有大禍〔註52〕。四是言兵強馬壯之時，切戒驕傲自大〔註53〕。〔註54〕。

第七節　箚記類

1. 《老子莊子周易學記》，三卷。佚。唐，李含光撰。

   著錄：《新唐書・藝文志》。

2. 《新撰老子義記》，十一卷。佚。无名先生撰。

   著錄：《日本國見在書目》。

   案：著作之年代不詳，既爲《日本國見在書目》所錄，應不晚於唐，故暫附
   　　於唐代。

3. 《老子發題私記》，一卷。佚。燕若士撰。

   著錄：《日本國見在書目》。

   案：同前。

以上唐

〔註49〕《道德經論兵要義述》卷一，王眞云：「夫欲治其國，先愛其人。欲愛其人，當先無
　　　爲。無爲者，即是無爲兵戰之事。」
　　　《道德經論兵要義述》卷三，王眞云：「無爲之事，亦所謂清靜致理，無爲戎馬之事
　　　也。」又云：「夫清靜者，無爲也。無爲者，亦謂無爲於兵戰之事，乃可爲天下之長
　　　也。」

〔註50〕王眞解《老子》第五十六章云：「夫以道用兵，則知者必不言其機也，言者必不知其
　　　要也。故曰：知者不言，言者不知。塞其兌，閉其門者，兵之深機也。挫鋭解紛，
　　　和光同塵者，兵之至要也，並不可得而言也，是以謂之玄同。」

〔註51〕《道德經論兵要義述》卷三，王眞云：「治國者以政，政者，正也。君率以正，孰敢
　　　不正？用兵者以奇，奇者，權也。權與道合，庸何傷乎？」

〔註52〕《道德經論兵要義述》卷四，王眞云：「輕敵者，謂好戰於外，無備於內。」又云：
　　　「好戰於外，猶有勝負；無備於內，必至滅亡。」

〔註53〕《道德經論兵要義述》卷四，王眞云：「夫兵者所謂兇險之器，鬥爭之具，所觸之境，
　　　與敵對者也。故兵強則主不憂，主不憂則將驕，將驕則卒暴。夫以不憂之君御驕將，
　　　以驕將臨暴卒，且敗覆之不暇，何勝敵之有哉？」

〔註54〕參見熊鐵基、馬良懷、劉韶軍：《中國老學史》（福州：福建人民出版社，1995年），
　　　頁277～283。

以上唐、五代合計三部，三部皆佚。

唐、五代箚記類的老學著作均已佚失，內容不得其詳。

第八節　傳記類

1. 《老子傳》，一卷。佚。不著撰人。

　　著錄：《舊唐書・經籍志》。

　　　案：作者不詳，暫附於唐代。

以上唐

　　以上唐、五代合計一部，已佚。

　　唐、五代傳記類的老學著作，僅收得《老子傳》一部，但已佚失，不得其詳。自先秦至清代，就僅有此《老子傳》，從書名來看，完全看不出爲宗教服務的跡象。

　　爲老子立傳，司馬遷是第一人，但其在《史記》中所記載的史料，卻讓後人對老子的身世有了不同的看法。司馬遷在《史記・老莊申韓列傳》中云：「孔子適周，將問禮於老子。……孔子去，謂弟子曰：『……吾今日見老子，其猶龍邪！』」是以有《老子猶龍傳》〔註55〕之作。司馬遷又云：「老子脩道德，……至關，……言道德之意五千餘言而去，莫知其所終。」再加上道教將老子神化的關係，遂有《老君出塞記》〔註56〕、《老子西昇經》〔註57〕、《老子化胡經》〔註58〕等著作產生。老子神化後，以「老君」〔註59〕、「太上老君」〔註60〕、「太上玄元皇帝」〔註61〕、「混

〔註55〕賈善翊著，三卷，見《通志》著錄。

〔註56〕宣虞著，一卷，見《通志》、《崇文總目》著錄。《宋史・藝文志》亦有著錄，但未著撰人。

〔註57〕作者不詳，《舊唐書・經籍志》著錄一卷，《文獻通考》著錄四卷。

〔註58〕王浮著，十卷，見《通志》、《文獻通考》、文廷式《補晉書藝文志》、吳士鑑《補晉書經籍志》、秦榮光《補晉書藝文志》等著錄。

〔註59〕《老君傳》一卷，作者不詳，見《通志》著錄。
　　　《高士老君內傳》三卷，尹喜著，見《舊唐書・經籍志》、《新唐書・藝文志》著錄，《崇文總目》著錄作《老子內傳》，《通志》著錄作《老君內傳》。

〔註60〕《太上老君玄元皇帝聖紀》十卷，尹父操著，見《舊唐書・經籍志》著錄。
　　　《太上老君年譜要略》一卷，不著撰人，見《正統道藏》著錄。
　　　《太上老君青羊肆瑞甎應見記》一卷，不著撰人，見《通志》著錄。
　　　《太上老君歷劫經》一卷，李通著，見《通志》著錄。
　　　《太上老君現迹記》一卷，皇天原著，見《新唐書・藝文志》、《通志》、《崇文總目》著錄。

〔註61〕《太上玄元皇帝聖紀》十卷，楊上器著，見《新唐書・藝文志》著錄。

元」〔註62〕等名立傳之書甚多，但這些爲宗教服務的著作，並不在本論文的收錄範圍之內。

第九節 校勘類

1. 《老子古本》，二卷。存。唐，傅奕校。

　　著錄：《通志》（不著撰人）。

　　　　《道藏目錄詳註》（《道德經古本篇》，不著撰人）。

　　傳本：《正統道藏》，書名題作《道德經古本篇》。

　　案：《通志》與《道藏目錄詳註》均不著撰人，但嚴靈峰、朱越利與不少學

　　　　者均認爲《道藏》之《道德經古本篇》應爲傅奕所校定之古本。傅奕以

　　　　項羽妾本〔註63〕等八種參本校勘，字數與各本異，獨與馬王堆帛書《老

　　　　子》接近〔註64〕。

以上唐

　　以上唐、五代合計一部，尚存。

　　唐、五代校勘類的老學著作，僅收得傅奕校定《老子古本》，尚存。傅奕所校定完成的古本《老子》，即今《正統道藏》所著錄之《道德經古本篇》。

　　項羽妾冢出土本，當是隸體，與帛書甲本相近。傅奕本則爲楷體，可能更動了不通行的假借字、異體字、古字。而今存之傅奕本，又有經後人改動的地方。因此，今存之傅奕本，無法完全是項羽妾冢出土本之舊觀。但是經後人改動之處，大都可據范應元《老子道德經古本集註》加以校訂。所以，傅奕本仍不失爲校訂《老子》的一個重要古本。

　　馬王堆帛書《老子》出土，學者們依據帛書《老子》對現今通行本進行校正，

〔註62〕《混元聖紀》九卷，謝守灝著，見《正統道藏》著錄。

　　　《太上混元老子史略》三卷，不著撰人，見《正統道藏》著錄。

〔註63〕宋謝守灝《混元聖紀》（《正統道藏》本）卷三云：「唐傅奕考覈眾本，勘數其字云：

　　　『項羽妾本，齊武平五年彭城人開項羽妾塚得；望安丘之本，魏太和中道士寇謙之

　　　得；河上丈人本，齊處士仇嶽傳家之本，有五千七百二十二字，與韓非〈喻老〉相

　　　參。』」但據《老君實錄》轉引謝守灝曰：「《道德經》，唐傅奕考核眾本勘數其字云：

　　　『項羽妾本，齊武平五年，彭城人開項羽妾冢得之；安丘望之本，魏太和中道士寇

　　　謙之得之；河上丈人本，齊處士仇嶽傳之。三家本，有五千七百二十二字，與韓非

　　　〈喻老〉相參。』」《混元聖紀》與《老君實錄》所載之文雖略有出入，但大意相同。

〔註64〕參見朱越利：《道藏分類解題》（北京：華夏出版社，1996年），頁6。

也對《老子》的本義進行訓釋，都得到了顯著的成績。但因爲帛書本也有抄錯、抄漏的可能，所以有些歧異之處，從義理上、語法上、音韻上考察，傅奕本仍有優於帛書本的地方〔註65〕。

第十節　文粹類

1. 《老子要抄》，一卷。佚。不著撰人。

　著錄：《日本國見在書目》。

　　案：作者不詳，因《日本國見在書目》所錄，故暫將此書附於唐代。

以上唐

　　以上唐、五代合計一部，已佚。

　　唐、五代文粹類的老學著作，僅收得《老子要抄》一部，因已佚失，內文不得其詳。但觀書名「要抄」，應是節錄《老子》要文之作。自兩漢以來，此乃是第一本文粹類的老學著作。

　　所謂「文粹」，乃指選集在一起的文學精華。文粹類的著作，乃是士子們節錄經典之要文，以備科舉考試。開元二十九年，唐玄宗在東、西兩京及全國各州，建立專修道教的國立學校──崇玄學，令生徒習《老子》、《莊子》、《文子》、《列子》等，考試合格者按貢舉及第對待，稱爲「道舉」〔註66〕，爾後遂有文粹類的老學著作產生。

　　以上唐、五代之老學著作合計一百零五部，其中存者十五部，殘存十部，佚者八十部。

〔註65〕參考古棣：〈《老子》傅奕本優於帛書論〉（載於《老子通》，高雄：麗文文化公司，1995 年初版）。

〔註66〕《舊唐書・禮儀志》：「開元二十九年正月己丑，詔兩京及諸州各置玄元皇帝廟一所，置崇玄學。其生徒令習《道德經》及《莊子》、《列子》、《文子》等，每年準明經例舉送。」

《新唐書・選舉志》：「（開元）二十九年，始置崇玄學，習《老子》、《莊子》、《文子》、《列子》，亦曰道舉。其生，京、都各百人，諸州無常員。官秩、蔭第同國子，舉送、課試如明經。」

第六章　宋元明之老子學

　　魏晉以後，經由三教互補、三教合流的發展，最後由宋代理學家們整合爲理學。唐之韓愈抬高傳統儒學，隨後李翱又高揚「道德之性」〔註1〕，在三教合流的發展中，儒學漸具優勢，最後成爲宋代思潮的主幹。因此，老子哲學在宋明時代的影響，比之魏晉時代自然是弱得多了。

　　宋明時期的理學，一般可分爲程朱理學與陸王心學兩大派。程顥、程頤早年都曾師事過周敦頤〔註2〕。周敦頤所著之《太極圖說》及《通書》兩者，皆是解《易》之作，其形上學觀念，以「無」爲本，價值論觀念，以「靜」爲主。「無」與「靜」此類道家思想，早已注入《易傳》、《禮記》等文獻中〔註3〕。周敦頤所謂的「主靜」

〔註1〕荀子主「性惡」，主張用外在的法律規範來約束人們的行爲，後來的法家和董仲舒都繼承此一思想。而孟子則主「性善」，此一主張與「內在權威」，即「倫理道德權威」的建構有關。唐代中葉，韓愈、李翱等人重新發揚孟子的思想。韓愈先後拋出了〈原道〉、〈原人〉、〈原性〉、〈原毀〉、〈原鬼〉等五篇綱領性的論文，抬高傳統儒學，貶低佛、道二教，試圖以儒家思想爲主幹來實現思想的統一。李翱撰寫《復性書》上、中、下三篇，高揚「道德之性」，充分論述了每個人都具有約束自己的能力，爲內在權威（即倫理道德權威）的建立提供了理論依據。

〔註2〕《明道先生行狀》云：「先生（程顥）爲學，自十五、六時，聞汝南周茂叔論道，遂厭科舉之業，慨然有求道之志，未知其要，泛濫於諸家，出入於老釋者幾十年，遂求諸六經而後得之。」
　　　《伊川先生年譜》云：「先生名頤，字正叔，明道先生之弟也。年十四、五，與明道同受學於舂陵周茂叔先生。」

〔註3〕周敦頤所著之《太極圖說》及《通書》兩者，皆是解《易》之作，旨在建立一含有形上學及宇宙論雙重成分之理論。此理論之骨幹即表現於《太極圖說》中，而許多問題之發揮論斷又見於《通書》。《太極圖說》之思想混合形上學及宇宙論成分，又將價值論問題置於此混合系統下處理。《太極圖說》之思想系統可分爲三層，即引〈說卦〉言「天」、「地」、「人」之義，其形上學觀念，以「無」爲本，價值論觀念，以「靜」爲主，皆與道家有關，但此類道家思想，早已注入《易傳》、《禮記》等文獻中。

思想，實際上就是老子的「無欲」思想〔註4〕。所以宋明理學之思想淵源，實與道家相關。

元朝是由蒙古族所建立的王朝，在當時其他異族的宗教與文化，都可以在中國的境內自由傳播。所以，元朝展現了和以往漢族統治時完全不同的風貌。但當明太祖統一天下之後，明朝便積極復古，欲強化並確立漢文化的正統地位。宋代的理學以朱熹為其代表，而明初即把朱熹的學說奉為官方哲學，作為傳統儒學的主要內容〔註5〕。朱熹倡導「格物致知」，認為可透過對儒家經典的學習研究，來認識「理」，實踐「理」，以達到聖人的境界〔註6〕。

明代中葉出現了一股反動思潮，即王陽明提出了「心即理」的口號。王陽明首先把所謂的「理」的客觀自然性改變為主觀內在性，這是陽明之學的基本前提。王陽明捨棄「格物致知」之路，而直接在自己的內心中求得對「理」的明悟〔註7〕。因此後來的研究者，就稱王陽明的學說為「心學」。

宋王朝讓儒、釋、道三家思潮都自由發展，也讓知識分子能夠自由地從事思維與創作，所以此時期的老學研究，其思想內容與作者的身分，都是多樣化的。明代時，三教合流已臻成熟，但以儒家思想為正統，後來的學術思潮又以「心學」為主流。古代中國能對《老子》進行研究的，總是儒、道、佛三家的知識分子，雖是不同思想流派中人，但最初所受的教育大都還是儒家教育。所以明代的老學研究及其著作，雖然數量甚豐，但在內容上卻難離儒學與心學，對於老子哲學本身義理的闡發則少有創見，因此在當時的學術領域和思想領域，都未能產生多大影響。

（參見勞思光：《新編中國哲學史》（三·上）（臺北：三民書局，1983年），頁95～152。）

〔註4〕周敦頤《太極圖說》云：「聖人定之以中正仁義（自注：『聖人之道，仁義中正而已矣』）而主靜（自注：『無欲故靜』），立人極焉。」在這裡，所謂「主靜」就是「無欲」，這是學聖的關鍵。

〔註5〕明成祖在永樂時期編纂了《四書大全》、《五經大全》、《性理大全》等書，書中完全採用宋代儒家學者的解釋，可以說是宋代理學思想的集大成者，由朝廷頒行天下，作為官方哲學的經典樣本。亦即，明朝皇帝欲用宋代理學思想，尤以朱熹的思想為主，來作為傳統儒學的主要內容。

〔註6〕朱熹的理學把「理」作為自然界的本體性法則，然後由這個「理」來規範人類的道德倫理。人的任務就是認識這個「理」，然後去實踐這個「理」，以此來達到聖人的境界。朱熹認為求「理」的途徑只有通過讀書，即對儒家經典的學習研究，從中掌握聖人關於「理」的說教，然後再對各種事物進行研究，從中發現「理」的存在及作用。

〔註7〕王陽明認為，「理」既然不存在於客觀外界，當然就可以不用向外努力，通過諸如讀書格物之類的途徑來認識之，「理」既然存在於自己的內心之中，所以就可以只在自己的內心下功夫。

　　宋、元、明之老學著作，就內容及主旨而言，參考蕭天石之分類，大致上有演化派、玄學派、儒林派、御注派、道教派、丹道派、佛學派、集解派、書志派、音義派、經解派〔註8〕。而本文針對著作之形式來分類，大體上可別為正文、傳注、義疏、音義、通論、專論、箚記、考證、校勘、評註、類釋、讚頌、目錄、文粹等十四類。

第一節　正文類

1. 《景祐四年道德經幢》，二卷。殘存。北宋。
　　案：甘肅慶陽縣天眞觀道德經幢，今有《無求備齋老子集成初編》據國立北平研究院《考古專報》本景印。

2. 《高宗御書道經幢》，一卷。殘存。南宋。
　　案：浙江杭州吳山崇義祠道德經幢，今有《無求備齋老子集成初編》據國立北平研究院《考古專報》本景印。

3. 《老子道經》，一卷。佚。周弘讓書。
　　著錄：《宋史·藝文志》。
　　案：著作之年代不詳。《宋史·藝文志》著錄「陳處士同洪讓書老子道經一卷。」其注云：「同洪讓即周弘讓書。」

4. 《道德真經》，二卷。存。不著撰人。
　　著錄：《道藏目錄詳註》。

〔註8〕書志派：又稱「書目派」。此派以搜殘輯佚，廣徵博藏，考核義旨，綜其概要，彙訂目錄，以利後學參考為主。
　　經解派：又稱「古義派」。此派重以經解經，以字解字，本古義以釋經文，不妄參己義為主旨。
　　演化派有陳觀吾、呂知常、范應元、李嘉謀、林希逸、楊起元等人；玄學派有呂惠卿、章安、孫鑛等人；儒林派有司馬光、王安石、蘇轍、葉夢得、董思靖、謝圖南、洪應紹、歸有光、焦竑、陳繼儒等人；御注派有宋徽宗、明太祖等人；道教派有杜道堅、息齋道人等人；丹道派有葛長庚、李道純、劉處玄、薛致玄、陸長庚、張洪陽、朱得之等人；佛學派有邵若愚、吳澄、沈一貫、釋德清等人；集解派有李霖、彭耜、趙秉文、范應元、劉惟永、危大有、薛蕙、焦竑等人；書志派有焦竑、白雲霽等人；音義派有李畋；經解派有沈一貫、林志堅等人。
　　（參見蕭天石：《道德經名注選輯七·序》（臺北：中國子學名著集成編印基金會，《中國子學名著集成》第52）。）

傳本:《正統道藏》。

以上宋

5. 《**樓觀臺篆文道德經碑**》,二卷。**存。元。**

案:至元 27 年陝西盩厔縣樓觀臺（即說經臺）道德經碑,今有《無求備齋
老子集成初編》據國立北平研究院《考古專報》本景印。

6. 《**樓觀臺正書道德經碑**》,二卷。**存。元。**

案:陝西盩厔縣樓觀臺道德經碑,無年月。今有《無求備齋老子集成初編》
據國立北平研究院《考古專報》本景印。

7. 《**大德三年道德經幢**》,二卷。**存。元。**

案:陝西寶雞縣磻溪宮道德經幢,今有《無求備齋老子集成初編》據國立北
平研究院《考古專報》本景印。

8. 《**老子道德經**》,二卷。**存。元,趙孟頫書。**

案:見《無求備齋老子集成初編》景印元大德十一年寫本、元延祐三年石刻
〔註9〕本、日本博文堂景印本。

以上元

9. 《**諸子文歸‧老子**》,二卷。**存。明,鍾惺書。**

傳本:《無求備齋老子集成初編》景印明刊《諸子文歸》本,嚴氏將書名題作
《老子文歸》。

10. 《**篆文道德經**》,二卷。**佚。明,李登書。**

著錄:《八千卷樓書目》。

11. 《**古老子**》,二卷。**佚。許劍道人書。**

著錄:《四庫全書總目存目》。

案:著作之年代不詳,暫附於明代。

以上明

　　以上宋、元、明合計十一部,其中存者六部,殘存二部,佚者三部。

　　宋、元、明正文類的老學著作,尚存者甚多。其中鍾惺之《諸子文歸‧老子》,
乃抄錄《老子》原文,並加以圈點,篇末附言,明各家分章之異。全書以《老子》

〔註9〕共十石,嵌於北京西便門外白雲觀壁間,首刻「松雪書道德經」。

之詞章訓讀爲主。

第二節　傳注類

1. 《老子注》，不著卷數。佚。北宋，晁迥撰。
   案：見焦竑《老子翼·附錄》及危大有《道德眞經集義》之所引。

2. 《老子注》，二卷。佚。北宋，王安石撰。
   著錄：《文獻通考》(王介甫)。
   案：今有嚴靈峰《無求備齋老子集成初編》及蒙文通《道書輯校十種》輯
   　　校。

3. 《老子義》，不著卷數。佚。北宋，王無咎撰。
   案：見焦竑《老子翼》、彭耜《道德眞經集註》之所引。

4. 《老子注》，二卷。佚。北宋，王雱撰。
   著錄：《文獻通考》。

5. 《老子注》，二卷。佚。北宋，劉概撰。
   著錄：《文獻通考》(劉仲平)。
   案：劉概，字仲平。《文獻通考》作「劉仲平」。

6. 《道德經注》，二卷。佚。北宋，陳景元撰。
   著錄：《宋史·藝文志》。

7. 《道德經纂微》，二卷。存。北宋，陳景元撰。
   著錄：《通志》(陳景先)。
   　　　《宋史·藝文志》(碧雲子《老子道德經藏室纂微》)、《道藏目錄詳註》(《道德眞經藏室纂
   　　　微篇》十卷)。
   傳本：《正統道藏》。

8. 《老子注》，二卷。存。北宋，呂惠卿撰。
   著錄：《文獻通考》。
   　　　《道藏目錄詳註》(《道德眞經傳》四卷)。
   傳本：《正統道藏》。

9. 《老子注》，二卷。佚。北宋，劉涇撰。

　　　　著錄：《文獻通考》。

10.　《老子注》，二卷。佚。北宋，呂大臨撰。
　　　　著錄：《文獻通考》。

11.　《老子注》，二卷。存。北宋，蘇轍撰。
　　　　著錄：《文獻通考》。
　　　　　　《宋史・藝文志》(《老子道德經義》)、《道藏目錄詳註》(《道德真經註》四卷)、《四庫全
　　　　　　書總目提要》(《道德經解》)。
　　　　傳本：《正統道藏》、《四庫全書》、《無求備齋老子集成初編》景印明刊《寶顏
　　　　　　堂秘笈》本。

12.　《道德真經解》，二卷。存。北宋，陳象古撰。
　　　　著錄：《道藏目錄詳註》。
　　　　傳本：《正統道藏》。

13.　《老子注》，二卷。佚。北宋，陸佃撰。
　　　　著錄：《文獻通考》。

14.　《老子解》，二卷。佚。北宋，蔣之奇撰。
　　　　著錄：《宋史・藝文志》。

15.　《老子繫辭解》，二卷。佚。北宋，蔣之奇撰。
　　　　著錄：《宋史・藝文志》。

16.　《道德經義》，不著卷數。佚。北宋，張耒撰。
　　　　案：見焦竑《老子翼》、彭耜《道德真經集註雜說》之所引。

17.　《老子注》，不著卷數。佚。北宋，林靈素撰。
　　　　案：見李霖《道德真經取善集》之所引。

18.　《老子解》，二卷。存。北宋，徽宗撰。
　　　　著錄：《通志》。
　　　　　　《文獻通考》(《老子注》)、《宋史・藝文志》、《道藏目錄詳註》(《宋徽宗御解道德真經》
　　　　　　四卷)。
　　　　傳本：《正統道藏》。

19.　《解老子》，不著卷數。佚。北宋，毛達可撰。

著錄：《遂初堂書目》。

20. 《老子道德經注》，二卷。佚。南宋，陳皋撰。

著錄：《通志》。

21. 《道德真經直解》，四卷。存。南宋，邵若愚撰。

著錄：《道藏目錄詳註》。

傳本：《正統道藏》。

22. 《老子解》，二卷。佚。南宋，葉夢得撰。

著錄：《文獻通考》。

案：原書已佚，今有《無求備齋老子集成初編》景印清代葉德輝輯《葉夢得
老子解》本。

23. 《老子解》，不著卷數。佚。南宋，趙實庵撰。

案：見劉惟永《道德眞經集義》之所引。

24. 《易老通言》，十卷。佚。南宋，程大昌撰。

著錄：《文獻通考》。

《宋史‧藝文志》。

案：原書已佚，今有《無求備齋老子集成初編》輯校。

25. 《老子解》，不著卷數。佚。南宋，王志然撰。

案：見劉惟永《道德眞經集義》之所引。

26. 《九華集‧老子解略》，一卷。存。南宋，員興宗撰。

著錄：《四庫全書總目提要》。

傳本：《無求備齋老子集成初編》景印《四庫全書》鈔本，嚴氏將書名題作《老
子解略》。

27. 《老子注》，不著卷數。佚。馬巨濟撰。

案：見李霖《道德眞經取善集》之所引。著作之年代不詳，但應早於《道德
眞經取善集》。

28. 《老子注》，不著卷數。佚。唐耜撰。

案：同前。

29. 《老子注》，不著卷數。佚。凌遘撰。

案：同前。

30. 《老子注》，不著卷數。佚。志琮撰。
　　　案：同前。

31. 《老子注》，不著卷數。佚。呂吉甫撰。
　　　案：同前。

32. 《道德真經取善集》，十二卷。存。南宋，李霖撰。
　　著錄：《道藏目錄詳註》。
　　　　　　錢大昕《補元史藝文志》。
　　傳本：《正統道藏》。

33. 《老子解》，不著卷數。佚。南宋，黃茂材撰。
　　　案：見焦竑《老子翼》、彭耜《道德眞經集註》、劉惟永《道德眞經集義》之
　　　　　所引。原書已佚，今有嚴靈峰《老子宋注叢殘》輯校。

34. 《道德真經四子古道集解》，十卷。存。南宋，寇才質撰。
　　著錄：《道藏目錄詳註》。
　　　　　　錢大昕《補元史藝文志》。
　　傳本：《正統道藏》。
　　　案：此「集解」並非集各家之《老子注》，而是採《南華眞經》（《莊子》）、《沖
　　　　　虛眞經》（《列子》）、《通玄眞經》（《文子》）、《洞靈眞經》（《亢倉子》）等四書作注。

35. 《老子節解》，十六篇。佚。南宋，劉師立撰。
　　　案：見彭耜《道德眞經集註雜說》、焦竑《老子翼》之所引。原書已佚，今
　　　　　有嚴靈峰《老子宋注叢殘》輯校。

36. 《老子解》，不著卷數。佚。南宋，朱熹撰。
　　　案：見彭耜《道德眞經集註雜說》、董思靖《道德眞經集解》、劉惟永《道德
　　　　　眞經集義》之所引。原書已佚，雖有嚴靈峰《老子宋注叢殘》輯校，但
　　　　　嚴氏卻認爲朱熹實無撰寫《老子解》一書。

37. 《老子注》，不著卷數。佚。南宋，倪思撰。
　　　案：見危大有《道德眞經集義》之所引。原書已佚，今有嚴靈峰《老子宋注
　　　　　叢殘》輯校。

38. 《道德寶章》，一卷。存。南宋，葛長庚撰。

著錄：《四庫全書總目提要》。

《續文獻通考》、倪燦《宋史藝文志補》（白玉蟾）。

傳本：《四庫全書》、《道藏精華》（白玉蟾全集）、《無求備齋老子集成初編》景印明
　　　刊《寶顏堂秘笈》本。

案：葛長庚即白玉蟾。

39. 《老子注》，二卷。佚。南宋，曹道沖撰。

著錄：《通志》。

案：原書已佚，今有嚴靈峰《老子宋注叢殘》輯校。

40. 《老子注》，不著卷數。佚。南宋，林東撰。

案：見彭耜《道德眞經集註》之所引。原書已佚，今有嚴靈峰《老子宋注叢
　　殘》輯校。

41. 《老子注》，不著卷數。佚。南宋，達眞子撰。

案：見彭耜《道德眞經集註》之所引。原書已佚，今有嚴靈峰《老子宋注叢
　　殘》輯校。

42. 《老子注》，不著卷數。佚。南宋，李文愻撰。

案：見彭耜《道德眞經集註》之所引。

43. 《道德眞經集註》，十八卷。存。南宋，彭耜撰。

著錄：《道藏目錄詳註》。

傳本：《正統道藏》。

44. 《老子解》，不著卷數。佚。南宋，李純甫撰。

著錄：錢大昕《補元史藝文志》。

金門詔《補三史藝文志》（《老子集解》）。

45. 《老子注》，不著卷數。佚。太平光師撰。

案：見趙秉文《道德眞經集解》之所引。撰者之年代不詳，應不晚於趙秉文。
　　原書已佚，今有蒙文通《道書輯校十種‧晉唐〈老子〉古注四十家輯存》
　　輯佚。

46. 《老子注》，不著卷數。佚。圓師撰。

案：見趙秉文《道德眞經集解》之所引。撰者之年代不詳，應不晚於趙秉文。

47. 《老子全解》，二卷。佚。金，趙秉文撰。

　　　著錄：錢大昕《補元史藝文志》（趙學士）。

　　　　　　倪燦《補遼金元藝文志》（趙學士）。

　　　　案：錢大昕《補元史藝文志》並著錄趙學士《老子集解》及《老子全解》。
　　　　　　依錢培名之〈跋〉〔註10〕，趙學士應爲趙秉文。錢大昕雖將此書置於《補
　　　　　　元史藝文志》，但趙秉文實爲金人，時值南宋。

48. 《道德真經集解》，四卷。存。金，趙秉文撰。

　　　著錄：《道藏目錄詳註》（趙學士）。

　　　　　　錢大昕《補元史藝文志》（趙學士《老子集解》）、倪燦《補遼金元藝文志》（趙學士《老
　　　　　　子集解》）。

　　　傳本：《正統道藏》、《無求備齋老子集成初編》影印清咸豐《小萬卷樓叢書》
　　　　　　本。

49. 《老子解》，不著卷數。佚。南宋，陳顯微撰。

　　　　案：見劉惟永《道德真經集義》之所引。

50. 《道德真經集解》，四卷。存。南宋，董思靖撰。

　　　著錄：《道藏目錄詳註》。

　　　　　　倪燦《宋史藝文志補》（《道德集解》二卷）。

　　　傳本：《正統道藏》。

51. 《老子注》，不著卷數。佚。南宋，謝圖南撰。

　　　　案：見劉惟永《道德真經集義》之所引。

52. 《老子解》，十卷。佚。南宋，趙善湘撰。

　　　著錄：《世善堂藏書目錄》。

53. 《老子解》，不著卷數。佚。南宋，張沖應撰。

　　　　案：見范應元《老子道德經古本集註》、劉惟永《道德真經集義》之所引。

54. 《道德真經義解》，四卷。存。南宋，李榮撰。

　　　著錄：《道藏目錄詳註》（《道德真經解義》）。

　　　傳本：《正統道藏》。

〔註10〕（金）趙秉文《道德真經集解》，《無求備齋老子集成初編》影印清咸豐《小萬卷樓
　　　　叢書》本，錢培名跋曰：「《道德真經集解》四卷從《道藏》抄出，原題趙學士句解，
　　　　不著名字，解中有趙秉文曰、秉文獨異之云云。按《金史·趙秉文傳》，興定元年授
　　　　侍讀學士，晉禮部尚書仍兼侍讀學士，此題趙學士，其爲秉文無疑。」

案：《正統道藏》舊題「息齋道人解」，《道藏目錄詳註》注云：「九天觀道士息齋李榮注」。《正統道藏》另亦收錄唐代李榮《道德真經註》，為恐相混，又因南宋李榮字嘉謀，故近代學者多將南宋之「李榮」改作「李嘉謀」〔註11〕。

55. 《道德真經口義》，四卷。存。南宋，林希逸撰。
　　著錄：《道藏目錄詳註》。
　　傳本：《正統道藏》、《道德經名注選輯》景印明代程兆莘校刊本（國立中央圖書館藏）、《無求備齋老子集成初編》景印宋刊本。

56. 《纂圖互注老子道德經》，二卷。存。南宋，龔士卨撰。
　　著錄：《傳是樓書目》。
　　傳本：《無求備齋老子集成初編》景印宋刊《纂圖互注五子》本（國立中央圖書館藏）、《道德經名注選輯》景印明初覆南宋建陽坊刊《六子》本（國立中央圖書館藏）〔註12〕。

57. 《老子道德經古本集註》，二卷。存。南宋，范應元撰。
　　傳本：《無求備齋老子集成初編》景印《續古逸叢書》之景宋本。

58. 《老子解》，不著卷數。佚。南宋，詹秋圃撰。
　　案：見劉惟永《道德真經集義》之所引。

59. 《道德真經全解》，二卷。存。南宋，時雍撰。
　　著錄：《道藏目錄詳註》。
　　　　　錢大昕《補元史藝文志》（六卷）。
　　傳本：《正統道藏》。
　　案：原題時雍撰，實誤。時雍是本書刊印者和作序者，原作者佚名〔註13〕。

60. 《老子解》，不著卷數。佚。南宋，休休庵撰。

〔註11〕例如朱越利《道藏分類解題》及嚴靈峰《無求備齋老子集成初編》。
〔註12〕《無求備齋老子集成初編》所景印之《纂圖互注老子道德經》，嚴靈峰題為龔士卨撰。此書前有葛玄之〈序〉，以及〈老子車制圖〉，全書依河上公注本，於每句之後略附註言，名曰「互註」。《道德經名注選輯》景印之《纂圖互注老子道德經》，舊題漢·河上公章句，前有〈老氏聖紀圖〉，全書所採之河上公注文與「互註」之文，都與《無求備齋老子集成初編》所景印之書完全不同。《道德經名注選輯》僅題此書為「河上公章句」，並未提及龔士卨，但此書之前卻有龔士卨之〈序〉。《無求備齋老子集成初編》與《道德經名注選輯》所選之兩書完全不同，不知何者為是，待考。
〔註13〕參見朱越利：《道藏分類解題》（北京：華夏出版社，1996年），頁14。

案：見劉惟永《道德眞經集義》之所引。休休庵即德異禪師。原書已佚，今
　有嚴靈峰《老子宋注叢殘》輯校。

61. 《老子解》，不著卷數。佚。南宋，蘇敬靜撰。
　　案：見劉惟永《道德眞經集義》之所引。

62. 《老子解》，不著卷數。佚。南宋，褚伯秀撰。
　　案：見劉惟永《道德眞經集義》之所引。原書已佚，今有嚴靈峰《老子宋注
　　　叢殘》輯校。

63. 《老子解》，不著卷數。佚。南宋，柴元皋撰。
　　案：見劉惟永《道德眞經集義》之所引。原書已佚，今有嚴靈峰《老子宋注
　　　叢殘》輯校。

64. 《老子心鏡注》，一卷。佚。王守愚撰。
　　著錄：《崇文總目》。
　　　　《通志》。
　　案：《崇文總目》與《通志》均著錄《老子心鏡》，並注云：「崔少元撰，王
　　　守愚注」。又著作之年代不詳，暫附於宋代。

65. 《新歌注道德經》，一卷。佚。李若愚撰。
　　著錄：《崇文總目》。
　　　　《通志》、《宋史・藝文志》（《道德經注》）。
　　案：著作之年代不詳，暫附於宋代。

66. 《老子道德經注》，二卷。佚。陳元英撰。
　　著錄：《通志》。
　　案：同前。

67. 《老子道德經解》，二卷。佚。趙令穆撰。
　　著錄：《宋史・藝文志》。
　　案：同前。

68. 《道德眞經解》，三卷。殘存。無名氏撰。
　　著錄：《道藏目錄詳註》。
　　傳本：《正統道藏》。
　　案：下卷原闕，後人抽出時雍《道德眞經全解》中所需之處補之。此書僅見

《正統道藏》收錄，題「無名氏」撰，因作者不詳，暫附於宋代。

69. 《道德經小解》，二卷。佚。不著撰人。

　　著錄：《崇文總目》（不著卷數）。

　　　　　《通志》（《老子道德經小解》）、《文獻通考》（不著卷數）、《宋史·藝文志》（一卷）。

　　案：作者不詳，暫附於宋代。

70. 《老子道德經義》，二卷。佚。不著撰人。

　　著錄：《宋史·藝文志》。

　　案：同前。

71. 《集注老子》，二卷。存。不著撰人。

　　著錄：《宋史·藝文志》。

　　　　　《道藏目錄詳註》（《道德眞經集註》十卷）。

　　傳本：《正統道藏》。

　　案：《宋史·藝文志》未著撰人，僅注云：「明皇、河上公、王弼、王雱等注」。

72. 《道德經內解》，一卷。佚。不著撰人。

　　著錄：《通志》。

　　　　　《宋史·藝文志》（二卷）。

　　案：《宋史·藝文志》並著錄「尹先生」《老子道德經內節解》及不知撰者的
　　　　《道德經內解》，是以應爲兩部不同之著作。《老子道德經內節解》已因
　　　　杜光庭《道德眞經廣聖義·序》之著錄而暫附於唐代〔註14〕，故此書因
　　　　《宋史·藝文志》之著錄而暫附於宋代。

以上宋

73. 《老子或問》，不著卷數。佚。元，牛妙傳撰。

　　案：見劉惟永《道德眞經集義》之所引。

74. 《老子解》，不著卷數。佚。元，丁易東撰。

　　案：見劉惟永《道德眞經集義》之所引。

75. 《道德經集義》，不著卷數。佚。元，喻清中撰。

〔註14〕杜光庭《道德眞經廣聖義·序》著錄尹喜《老子內解》上下篇，《宋史·藝文志》著
　　　錄尹先生《老子道德經內節解》二卷。《宋史·藝文志》所稱之「尹先生」疑指「尹
　　　喜」，唯稱「尹喜」，當屬僞託。此書既爲杜氏所引，故暫附於唐。

　　　　案：見劉惟永《道德眞經集義》之所引。

76. 《老子解》，不著卷數。佚。元，楊智仁撰。
　　　　案：見劉惟永《道德眞經集義》之所引。

77. 《道德會元》，二卷。存。元，李道純撰。
　　著錄：《道藏目錄詳註》。
　　　　　　錢大昕《補元史藝文志》。
　　傳本：《正統道藏》。
　　　　案：此注以《老子河上公注》爲準，將諸本《老子》「差訛」二百餘處列出，
　　　　　　稱爲「正辭」。又將諸家注釋「不合」義理十餘處列出，稱爲「究理」，
　　　　　　然後逐句逐章注《老子》。可以說是以傳注爲主，考證爲輔之著作〔註15〕。

78. 《道德經注》，一卷。佚。元，李道純撰。
　　著錄：倪燦《補遼金元藝文志》。

79. 《老子解》，不著卷數。佚。元，胥六虛撰。
　　　　案：見劉惟永《道德眞經集義》之所引。

80. 《老子注》，不著卷數。佚。元，張慶之撰。
　　著錄：錢大昕《補元史藝文志》。

81. 《老子解》，不著卷數。佚。元，李是從撰。
　　　　案：見劉惟永《道德眞經集義》之所引。

82. 《道德真經三解》，四卷。存。元，鄧錡撰。
　　著錄：《道藏目錄詳註》。
　　　　　　錢大昕《補元史藝文志》。
　　傳本：《正統道藏》。
　　　　案：鄧錡之解，一解經，二解道，三解德，故曰「三解」。

83. 《老子解》，不著卷數。佚。元，吳環中撰。
　　　　案：見劉惟永《道德眞經集義》之所引。

84. 《老子解》，不著卷數。佚。廖粹然撰。
　　　　案：見劉惟永《道德眞經集義》之所引。著作年代不詳。應早於劉氏《道德

〔註15〕參見朱越利：《道藏分類解題》（北京：華夏出版社，1996 年），頁 16。

　　真經集義》，暫附於元代。

85. 《老子解》，不著卷數。佚。本一庵撰。

　　案：同前。

86. 《老子或問》，不著卷數。佚。張靈應撰。

　　案：同前。

87. 《道德真經集義》，十七卷。殘存。元，劉惟永撰。

　　著錄：《道藏目錄詳註》。

　　　　　錢大昕《補元史藝文志》。

　　傳本：《正統道藏》。

　　案：《道德真經集義》原為三十一卷，今闕十一卷。《正統道藏》將所留存之
　　　　二十卷析為二書：《道德真經集義大旨》三卷、《道德真經集義》十七卷。

88. 《老子本義》，不著卷數。佚。元，雷思齊撰。

　　著錄：錢大昕《補元史藝文志》。

89. 《道德玄經原旨》，四卷。存。元，杜道堅撰。

　　著錄：《道藏目錄詳註》。

　　　　　錢大昕《補元史藝文志》。

　　傳本：《正統道藏》。

90. 《道德經注》，不著卷數。佚。元，王珪撰。

　　著錄：錢大昕《補元史藝文志》。

91. 《老子解》，二卷。佚。元，李衎撰。

　　著錄：錢大昕《補元史藝文志》。

　　　　　倪燦《補遼金元藝文志》（李衎《息齋老子解》）。

　　案：倪燦《補遼金元藝文志》作「李衎《息齋老子解》」，但南宋李榮（李嘉
　　　　謀）亦號息齋道人，不知「李衎」是否為「李榮」之誤，待考。

92. 《道德經注》，四卷。存。元，吳澄撰。

　　著錄：《道藏目錄詳註》。

　　　　　《四庫全書總目提要》、《續文獻通考》、錢大昕《補元史藝文志》（吳澂）、倪燦《補
　　　　遼金元藝文志》。

　　傳本：《正統道藏》。

93. 《道德真經註》，二卷。存。元，林志堅撰。

　　著錄：《道藏目錄詳註》。

　　　　　　錢大昕《補元史藝文志》。

　　傳本：《正統道藏》。

94. 《述注太上老子道德經》，四卷。存。元，何道全撰。

　　傳本：《道德經名注選輯》及《無求備齋老子集成初編》景印明初金陵聶富刊
　　　　本（國立中央圖書館、無求備齋並藏）。

95. 《老子注》，不著卷數。佚。元，陳岳撰。

　　著錄：錢大昕《補元史藝文志》。

96. 《道德經注》，二卷。佚。元，趙汸撰。

　　著錄：《孝慈堂書目》。

97. 《道德真經次解》，二卷。存。不著撰人。

　　著錄：《道藏目錄詳註》。

　　傳本：《正統道藏》。

　　案：作者不詳，應爲金、元間人〔註16〕。

以上元

98. 《御註道德真經》，四卷。存。明，太祖撰。

　　著錄：《道藏目錄詳註》。

　　傳本：《正統道藏》。

99. 《老子注》，不著卷數。佚。何心山撰。

　　案：見危大有《道德眞經集義》之所引。著作之年代不詳，應早於危氏《道
　　　　德眞經集義》。

100. 《道德真經集義》，十卷。存。明，危大有撰。

　　著錄：《道藏目錄詳註》。

　　傳本：《正統道藏》。

〔註16〕作者金、元間人，佚名。上下卷末均附《異同字》。本書鮮見其它傳本。《老子》遂
　　　州龍興觀碑本，金石家皆未著錄。《次解》作者自序說，其經過遂州，觀龍興觀石碑，
　　　以其校舊本。近人王重民、蔣錫昌考證，確認遂州龍興觀本賴《次解》而存，至可
　　　珍貴。（見朱越利：《道藏分類解題》（北京：華夏出版社，1996年），頁15。）

101. 《老子旁注》，不著卷數。佚。明，朱升撰。

　　著錄：《千頃堂書目》。

102. 《道德經注解》，二卷。佚。明，黃潤玉撰。

　　著錄：《明史・藝文志》。

103. 《道德經正解》，不著卷數。佚。明，鄭瓘撰。

　　著錄：《千頃堂書目》。

104. 《老子集解》，二卷。存。明，薛蕙撰。

　　著錄：《明史・藝文志》。

　　傳本：《道德經名注選輯》及《無求備齋老子集成初編》景印明嘉靖刊本（國
　　　　立中央圖書館藏）。

105. 《道德經註解》，二卷。存。明，張位撰。

　　傳本：明代吳門刊本（國立中央圖書館藏）、《無求備齋老子集成初編》景印明
　　　　代積秀堂刊《道書全集》本。

　　　案：張位，號洪陽。原書之作者題作「張洪陽」。

106. 《道德經解》，二卷。存。明，釋德清撰。

　　著錄：《千頃堂書目》。

　　傳本：《道德經名注選輯》及《無求備齋老子集成初編》景印清光緒金陵刻經
　　　　處刊本、國立中央圖書館藏明代玉溪菩提庵刊本。

107. 《道德經解》，二卷。佚。明，薛甲撰。

　　著錄：《傳是樓書目》。

108. 《道德經贅言》，一卷。佚。明，萬表撰。

　　著錄：《千頃堂書目》。

109. 《道德經輯解》，三卷。佚。明，皇甫濂撰。

　　著錄：《千頃堂書目》。

　　　　　《明史・藝文志》。

110. 《老子通義》，二卷。存。明，朱得之撰。

　　著錄：《千頃堂書目》。

　　　　　《明史・藝文志》。

　　傳本：《道德經名注選輯》及《無求備齋老子集成初編》景印明代浩然齋刊《三

子通義》本（國立中央圖書館藏）。

111. 《老子億》，二卷。存。明，王道撰。

著錄：《千頃堂書目》。

《明史・藝文志》。

傳本：《無求備齋老子集成初編》景印明刊《王文定公遺書》本。

112. 《老子彙詮》，二卷。佚。明，邵弁撰。

著錄：《千頃堂書目》。

113. 《道德要覽》，二卷。佚。明，鍾繼元撰。

著錄：《千頃堂書目》。

114. 《道德經玄覽》，二卷。存。明，陸長庚撰。

著錄：《千頃堂書目》。

《明史・藝文志》（《老子玄覽》）。

傳本：《無求備齋老子集成初編》景印明刊《方壺外史全集》本。

115. 《道德經解》，二卷。佚。明，曾如春撰。

著錄：《千頃堂書目》。

116. 《百家類纂・老子》，一卷。存。明，沈津撰。

傳本：《無求備齋老子集成初編》景印明刊《百家類纂》本，嚴氏將書名題作
《老子道德經類纂》。

案：書名雖題為「類纂」，但並非類釋類之著作。全書不分章，順文作解。

117. 《老子解》，一卷。存。明，王樵撰。

著錄：《千頃堂書目》。

傳本：《無求備齋老子集成初編》景印明鈔本。

118. 《道德經解》，二卷。存。明，李贄撰。

著錄：《千頃堂書目》。

傳本：明刊《李氏叢書》本（國立中央圖書館藏）、《無求備齋老子集成初編》
景印明重刊《廣秘笈》本。

119. 《老子本義》，一卷。佚。明，李先芳撰。

著錄：《千頃堂書目》。

120. 《老子道德經參補》，二卷。存。明，張登雲撰。

　　傳本：《無求備齋老子集成初編》景印明刊《中都四子》本（國立中央圖書館
　　　　藏）。

121. 《老子通》，二卷。存。明，沈一貫撰。

　　著錄：《千頃堂書目》。

　　傳本：《無求備齋老子集成初編》景印明《老莊通》合刊本。

122. 《老子翼》，三卷。存。明，焦竑撰。

　　著錄：《大明續道藏經目錄》（六卷）。

　　　　　《千頃堂書目》、《明史・藝文志》（二卷）、《四庫全書總目提要》、《續文獻通考》。

　　傳本：《正統道藏》、《四庫全書》、《道德經名注選輯》景印明萬曆原刊本（國
　　　　立中央圖書館藏）、《無求備齋老子集成初編》景印明萬曆王元貞刊本。

123. 《道德經釋略》，六卷。存。明，林兆恩撰。

　　著錄：《千頃堂書目》。

　　傳本：明《一元宗化》鈔本（國立中央圖書館藏）、《無求備齋老子集成初編》
　　　　景印明刊《林子全書》本。

124. 《老子解》，一卷。佚。明，張時徹撰。

　　著錄：《千頃堂書目》。

125. 《道德經因然》，二卷。佚。明，吳伯與撰。

　　著錄：《千頃堂書目》。

126. 《老子解》，二卷。存。明，徐學謨撰。

　　著錄：《千頃堂書目》。

　　傳本：《無求備齋老子集成初編》景印明刊本（國立臺灣大學圖書館藏）。

127. 《太上道德經釋辭》，二卷。存。明，王一清撰。

　　著錄：《道藏輯要・總目》。

　　傳本：《道藏輯要》。

128. 《老子解》，不著卷數。佚。明，黃洪憲撰。

　　著錄：《千頃堂書目》。

129. 《百子類函・老子》，一卷。存。明，葉向高撰。

　　傳本：明萬曆萬卷樓刊本（日本國立公文書館藏）。

案：竊沈津《百家類纂》之舊版，改書名為《百子類函》，題「葉相國選訂」，當係書賈盜版牟利。

130. 《道德經精解》，一卷。存。明，陳懿典撰。
著錄：《販書偶記》。
傳本：《無求備齋老子集成初編》景印明刊《二經精解》本。

131. 《道德經測言》，不著卷數。佚。明，張正學撰。
著錄：《千頃堂書目》。

132. 《老子解》，二卷。存。明，陶望齡撰。
著錄：《千頃堂書目》。
《明史・藝文志》。
傳本：《無求備齋老子集成初編》景印明刊《老莊合解》本（日本靜嘉堂文庫藏）。

133. 《老子斷註》，四卷。存。明，趙統撰。
傳本：《無求備齋老子集成初編》景印明刊本（國立中央圖書館藏）。

134. 《道德經測》，二卷。存。明，洪應紹撰。
著錄：《販書偶記》。
傳本：明代畢懋康刊本（國立中央研究院藏）、《無求備齋老子集成初編》景印明代覆刊本（無求備齋藏）。

135. 《老子解》，二卷。佚。明，郭子章撰。
著錄：《千頃堂書目》。
《販書偶記》。

136. 《老子或問》，二卷。存。明，龔修默撰。
傳本：《道德經名注選輯》及《無求備齋老子集成初編》景印明代羅棟刊本（國立中央圖書館藏）。

137. 《老子集解》，二卷。存。明，潘基慶撰。
著錄：《千頃堂書目》。
傳本：《無求備齋老子集成初編》景印明刊本。

138. 《道德經注解》，二卷。佚。明，馬應龍撰。
著錄：《千頃堂書目》。

139. 《道德經薈解》，二卷。存。明，郭良翰撰。

　　著錄：《千頃堂書目》。

　　傳本：《無求備齋老子集成初編》景印明刊《老莊薈解》本（日本國立公文書
　　　　　館藏）。

140. 《老子解》，一卷。佚。明，鄭圭撰。

　　著錄：《千頃堂書目》。

141. 《道德經集義》，二卷。佚。明，周如砥撰。

　　著錄：《八千卷樓書目》。

142. 《太上道德寶章翼》，二卷。存。明，程以寧撰。

　　著錄：《道藏輯要・總目》。

　　傳本：《道藏輯要》。

143. 《道德經解》，二卷。存。明，顧錫疇撰。

　　傳本：《無求備齋老子集成初編》景印明刊本。

144. 《老子略》，二卷。佚。明，歸起先撰。

　　著錄：《千頃堂書目》。

145. 《老子經通考》，四卷。存。明，陳元贇撰。

　　傳本：《無求備齋老子集成初編》景印日本刊本。

　　　案：書名雖題為「通考」，但其書依河上公八十一章作注，仍是傳注類之著
　　　　　作。

以上明

　　以上宋、元、明合計一百四十五部，其中存者五十四部，殘存二部，佚者八十
九部。

　　宋、元時期的老學研究，其思想內容與作者的身分，都是多樣化的。首先談談
作者身分的多樣化。宋、元時期的老學研究者，其身分地位有很大的不同。有儒家
學者，如朱熹、程俱、程大昌；有佛家學者，如李畋、趙秉文；有道家學者，如達
真子、林東、柴元皋；有道士，如曹道沖、范應元、褚伯秀；有禪師，如德異；有
普通官吏，如劉驥、黃茂材；有著名政治家，如王安石；還有當朝的皇帝，如宋徽
宗。諸如此類，不一而足。總而言之，上自帝王卿相，下至僧人道士，研習《老子》
蔚然成風，可謂盛矣。

多樣化的另一個方面，是指研究者觀點的多樣化。不同的身分地位和不同的學術流派，都會使研究者對同一研究對象產生不同的觀點。宋王朝讓儒、釋、道三家自由發展，但儒家已具優勢。王安石沿襲王充等的「氣」一元論，來詮釋老子的思想〔註17〕。呂惠卿以宋儒所謂的「十六字心傳」〔註18〕解「守中」，以道家、儒家治身理國之說相參。李嘉謀亦儒、道相參，其旨在於求道、治國、修身。林東重在溝通孔、老，吳澄則以尊德性爲本，另外司馬光、陳象古、員興宗等亦都是以儒釋《老》，融儒、道於一爐。

雖然儒家已具優勢，但以道家思想解《老》者，亦多有人在。宋徽宗推崇老子，其解《老子》雖亦徵引《論語》、《孟子》、《詩經》、《尚書》等儒家經典，但仍以《莊子》、《周易》爲主，並輔以《列子》等道家之書。陳景元以重玄爲宗。林希逸以推導《老子》本意爲己任，並論儒、道異同。林志堅則以《老子》原文交錯互注，以《老》解《老》。另外也有些學者重在會通《老》、《易》，如呂與之以易卦與老義相比附，又如程大昌認爲《老子》本不出乎《易》。

宋、元之時三教合流已漸趨成熟，有許多學者都爲合流而努力。蘇轍以《易》解《老》，並參佛教見性之說，旨於佛、老同源，並引《中庸》之說相比附。邵若愚明大道虛寂，以儒、釋二教之說爲證，合儒、釋、道三教爲一家。杜道堅折衷儒、老，雜以道教。李道純明頤神養氣之旨，盡心性之說，亦融合儒、釋（禪宗）、道三教。

明代研究者的身分仍然與前代一樣，有帝王、官吏、學者、僧人、道士。但當時之三教已在儒學之下融合，且以心學爲要，老子思想只不過是儒家思想的補充而已。所以明代的老學著作雖然數量甚豐，但對於老子哲學的闡發卻少有創見。例如明太祖以《道德經》爲經世之書，其注以修齊治平爲目的，否定道教丹術。沈一貫雖以《老》解《老》，但旨在以老佐孔。另外如王道、王樵、徐學謨、趙統、洪應紹、龔修默等均是以儒解老。又李贄認爲老子之學，重於無爲，而輕於治天下國家，大抵明性命之學。另外張洪陽、朱得之、陸長庚等亦明性命之學。雖然吳伯與、釋德清以佛解老，歷代佛、老會通之解，以德清爲最，但其說仍以心學爲要。

宋、元、明集解《老子》者，就數量與內容來看，都相當豐富，這對後代的輯

〔註17〕例如，王安石在解釋《老子》的「道沖而用之，或不盈」時說：「道有體有用。體者，元氣之不動；用者，沖氣運行於天地之間。其沖氣至虛而一，在天則爲天五，在地則爲地六。蓋沖氣爲元氣之所生，既至虛而一，則或如不盈似者，不敢正名其道也。」（見彭耜：《太上道德眞經集注》引王安石《老子注》。）

〔註18〕此十六字即《尚書·大禹謨》所謂「人心惟危，道心惟微，惟精惟一，允執厥中」。

佚工作而言，助益非常之大。其中《正統道藏》就保存了九部著作，足可見《正統道藏》對於文獻的保存，實是功不可沒。九部著作略述於下〔註19〕：

1. 陳景元《道德經纂微》摭拾諸家注疏精華，參以其師韓知止、張無夢之說，取嚴君平、孫登之說爲多。

2. 《集注老子》即道藏本《道德眞經集註》。王雱《老子注》與王安石、陸佃、劉概、劉涇四家注並稱爲崇寧五注。但王雱之注已佚，賴此《集注老子》而存。

3. 李霖《道德眞經取善集》擇錄近四十家之注〔註20〕，並殿以己說。此集注保存了鍾會《老子注》和鳩摩羅什《老子注》的許多佚文，甚是可貴。

4. 彭耜《道德眞經集註》輯宋人《老子注》二十家〔註21〕，其中十多家注今已亡佚，或竟有史志未著錄者，殊可珍惜。此書並附《宋解經姓氏》一卷，略注二十家之名字與事跡，也是可貴的資料。

5. 趙秉文《道德眞經集解》採十五家之注〔註22〕，其中有久佚之書，唯賴本集略存一鱗半爪。

6. 董思靖《道德眞經集解》輯十一家之注〔註23〕，且屢引《莊子》，並間出己見，附以音釋，訂以異同。

7. 劉惟永《道德眞經集義》輯四十二家注解〔註24〕，諸注又間接引用三十四家，集中先述諸家要旨，注諸家姓氏，頗爲珍貴。

8. 危大有《道德眞經集義》輯十二家注〔註25〕，並附己意。宋倪思、明何心山

〔註19〕參見朱越利：《道藏分類解題》（北京：華夏出版社，1996年），頁9～18。
〔註20〕李霖《道德眞經取善集》所採者有嚴遵、河上公、鍾會、王弼、羊祜、孫登、郭象、顧歡、成玄英、張君相、唐玄宗、李榮、杜光庭、陸希聲、司馬光、蘇轍、王安石、王雱、宋徽宗、呂吉甫、陳景元、曹道沖、劉仲平、盧裕、車惠弼、馬巨濟、陸佃、蔡子晃、李畋、凌遘、王眞、劉進喜、劉仁會、唐邧、羅什、嚴仙、靈仙。
〔註21〕彭耜《道德眞經集註》所輯者有宋徽宗、陳景元、司馬光、蘇轍、陳象古、邵若愚、王雱、葉夢得、王安石、陸佃、劉概、劉涇、曹道沖、達眞子、李文和、劉驥、朱熹、黃茂材、程大昌、林東。
〔註22〕趙秉文《道德眞經集解》所採者有蘇轍、羅什、僧肇、王弼、唐玄宗、宋徽宗、陸希聲、孫思邈、司馬光、呂惠卿、王雱、葉夢得、劉巨濟、太平光師、園師。
〔註23〕董思靖《道德眞經集解》所輯者有王弼、司馬光、王安石、蘇轍、朱熹、葉夢得、程大昌、唐玄宗、宋徽宗、劉驥、陳景元。
〔註24〕劉惟永《道德眞經集義》所輯者有河上公、王弼、唐玄宗、杜光庭、宋徽宗、王安石、蘇轍、呂惠卿、陸佃、王雱、劉仲平、劉涇、《丞相新說》、劉驥、趙道升、邵若愚、王志然、程大昌、黃茂材、朱熹、詹節、白玉蟾、廖粹然、陳景元、謝圖南、林希逸、范應元、徐權、薛玄、休德異、牛妙傳、褚伯秀、喻清中、楊智仁、胥元一、李是從、張明道、張亞、蘇敬靜、柴元皋、吳璟中。
〔註25〕危大有《道德眞經集義》所輯者有河上公、何心山、呂知常、李道純、劉師立、林希

之注，亡佚已久，唯賴本集存其佚文。

    9. 焦竑《老子翼》所採錄之注，多取自《道藏》，全書引古籍數十種〔註26〕。

第三節　義疏類

1. 《老子義疏》，十四卷。存。北宋，江徵撰。

    著錄：《通志》。

        《道藏目錄詳註》（《道德真經疏義》）。

    傳本：《正統道藏》。

2. 《宋徽宗道德真經解義》，十卷。存。北宋，章安撰。

    著錄：《道藏目錄詳註》。

    傳本：《正統道藏》。

3. 《讀老子講義》，一篇。佚。南宋，楊椿撰。

    案：見彭耜《道德真經集註雜說》之所引。

4. 《老子講義》，十二卷。佚。南宋，呂知常撰。

    著錄：《宋史·藝文志》。

5. 《道德真經衍義手鈔》，二十卷。殘存。南宋，王守正撰。

    著錄：《道藏目錄詳註》。

    傳本：《正統道藏》。

    案：原闕第一、二卷，題王守正集。本書鮮見其它傳本。觀本集，衍義和手
        鈔不出於一人之手。蔣錫昌疑衍義為王守正撰，手鈔為其徒所作（見《老
        子校詁》）。衍義引《莊子》、《周易》、宋蘇轍、呂惠卿諸家《老子》注，
        多與李霖《取善集》雷同，蓋有取於李書。手鈔多引經史與諸子。〔註
        27〕

6. 《老子義疏》，四卷。殘存。南宋，趙志堅撰。

    著錄：《通志》。

    逸、董思靖、柴元皋、倪思、蘇轍，晁迥、吳澄。

〔註26〕焦竑《老子翼》錄前人《老子》注，多取自《道藏》，並附自己所撰《筆乘》。不見於
      《道藏》者，有蘇轍《老子解》、薛蕙《老子集解》、王純甫《老子億》和李宏甫《解
      老》。

〔註27〕見朱越利：《道藏分類解題》（北京：華夏出版社，1996年），頁16。

《宋史‧藝文志》（《道德經疏》三卷）、《道藏目錄詳註》（《道德眞經疏義》六卷）。

　　案：殘存本可見於《正統道藏》。《正統道藏》之趙志堅《道德眞經疏義》作
　　　　六卷，原缺前三卷，餘卷亦有多章脫失。

7. 《老子義疏》，四卷。佚。賈青夷撰。
　　著錄：《通志》。
　　案：著作之年代不詳，暫附於宋代。

8. 《老子義疏》，二卷。佚。不著撰人。
　　著錄：《通志》。
　　案：作者不詳，暫附於宋代。

以上宋

9. 《道德真經藏室纂微篇開題科文疏》，五卷。存。元，薛致玄撰。
　　著錄：《道藏目錄詳註》。
　　傳本：《正統道藏》。
　　案：本書解釋陳景元《道德眞經藏室纂微篇》及其書前之〈開題〉。

10. 《道德真經藏室纂微手鈔》，一卷。殘存。元，薛致玄撰。
　　著錄：《道藏目錄詳註》。
　　傳本：《正統道藏》。
　　案：原闕上卷，僅存下卷。本書標示陳景元《道德眞經藏室纂微篇》引文出
　　　　處，略疏其義。

11. 《老子講義》，不著卷數。佚。元，呂與之撰。
　　著錄：錢大昕《補元史藝文志》。

以上元

12. 《老子疏述》，一卷。佚。明，陳嘉謨撰。
　　著錄：《千頃堂書目》。

13. 《老子疏略》，二卷。佚。明，吳汝紀撰。
　　著錄：《千頃堂書目》。

14. 《老子疏略》，四卷。佚。明，龔錫爵撰。
　　著錄：《千頃堂書目》。

《明史・藝文志》（一卷）。

以上明

　　以上宋、元、明合計十四部，其中存者三部，殘存三部，佚者八部。

　　江澂疏證宋徽宗《老子解》，雖廣引舊籍，但多以《周易》、《莊子》參證。章安則將宋徽宗《老子解》演爲義解，發揮無爲清靜之旨。趙志堅闡述因道見性之理，主張修身養性。薛致玄《道德眞經藏室纂微篇開題科文疏》全書共分二十門，第一門闡發陳景元解《老》之旨，接著十四門則述太上老君降生之時代與經歷，末五門述老子著《道德經》之宗本及以之治身致用之旨。

第四節　音義類

1. 《老子音解》，二卷。佚。南宋，李畋撰。
　　著錄：《通志》。
　　　　　《遂初堂書目》（一卷）。
　　案：原書已佚，今有嚴靈峰《老子宋注叢殘》輯校。

2. 《音注老子道德經》，二卷。存。南宋，呂祖謙撰。
　　傳本：南宋刊本（臺北國立故宮博物院藏，1931年故宮《天祿琳瑯叢書》景印）。

3. 《老子音釋》，不著卷數。佚。南宋，林東撰。
　　案：見彭耜《道德眞經集註釋文》之所引。

以上宋

4. 《老子・老子音義》，一卷。存。明，閔齊伋撰。
　　傳本：《無求備齋老子集成初編》景印明刊本。
　　案：此〈老子音義〉乃附於閔齊伋所校刊之《老子》之後。

以上明

　　以上宋、元、明合計四部，其中存者二部，佚者二部。

　　宋、元、明音義類的老學著作，呂祖謙、閔齊伋之作均尚存。彭耜《道德眞經集註釋文》集李畋《老子音解》和林東《老子音釋》，又李霖《道德眞經取善集》亦曾引李畋《老子音解》。雖然李畋、林東之作已佚，但藉集解之助，亦可觀其概貌。

第五節　通論類

1. 《老子道德經論著》，二卷。存。北宋，司馬光撰。
    著錄：《文獻通考》。
    　　　《宋史・藝文志》（《老子道德經注》）、《道藏目錄詳註》（《道德眞經論》四卷）。
    傳本：《正統道藏》。

2. 《老子通論語》，二卷。佚。南宋，劉驥撰。
    著錄：《宋史・藝文志》。
    案：原書已佚，今有嚴靈峰《老子宋注叢殘》輯校。

3. 《老子論》，一卷。存。南宋，程俱撰。
    傳本：《無求備齋老子集成初編》景印宋鈔《北山小集》本。

4. 《老子通述》，二卷。佚。南宋，晁公武撰。
    著錄：《宋史・藝文志》。

5. 《朱子語錄・老子》，一卷。存。南宋，朱熹撰。
    著錄：《古今圖書集成・經籍典》。
    傳本：《古今圖書集成・經籍典》。

6. 《道德經指玄篇》，八卷。佚。南宋，葛長庚撰。
    著錄：《千頃堂書目》。

7. 《西塘集・論老子》，一卷。存。南宋，鄭俠撰。
    著錄：《宋史・藝文志》（鄭俠集）。
    傳本：《古今圖書集成・經籍典》。

8. 《習學記言・老子》，一卷。存。南宋，葉適撰。
    著錄：《宋史・藝文志》。
    傳本：《古今圖書集成・經籍典》。

9. 《道德經解事》，不著卷數。佚。南宋，徐君約撰。
    案：見劉惟永《道德眞經集義》之所引。

10. 《經解發題》，不著卷數。佚。南宋，林東撰。
    案：見彭耜《道德眞經集註雜說》之所引。

11. 《老子真義機要》，一卷。佚。不著撰人。

著錄：《通志》。

案：作者不詳，暫附於宋代。

12. 《道德經契源》，一卷。佚。不著撰人。

著錄：《通志》。

案：同前。

以上宋

13. 《道德真經集義大旨》，三卷。存。元，劉惟永撰。

著錄：《道藏目錄詳註》。

錢大昕《補元史藝文志》。

傳本：《正統道藏》。

14. 《老子發微》，不著卷數。佚。元，劉莊孫撰。

著錄：錢大昕《補元史藝文志》。

15. 《玄經原旨發揮》，二卷。存。元，杜道堅撰。

著錄：《道藏目錄詳註》。

錢大昕《補元史藝文志》（《道德經原旨發揮》）。

傳本：《正統道藏》。

16. 《道德經還原奧旨》，不著卷數。佚。元，王珏撰。

著錄：錢大昕《補元史藝文志》。

17. 《老莊精詣》，不著卷數。佚。元，贍思撰。

著錄：錢大昕《補元史藝文志》。

倪燦《補遼金元藝文志》（《老莊精語》）、金門詔《補三史藝文志》（《老莊精論》）。

以上元

18. 《老子指玄》，二卷。佚。明，田藝蘅撰。

著錄：《千頃堂書目》。

《明史·藝文志》。

19. 《老子約筌》，二卷。佚。明，李登撰。

著錄：《千頃堂書目》。

20. 《解老悟道編》，二卷。佚。明，諸萬里撰。

　　　　著錄：《千頃堂書目》。

　　　　　　　《天一閣書目》。

21. 《老子臺懸》，一卷。佚。明，吳伯敬撰。

　　　　著錄：《千頃堂書目》。

22. 《老子真詮》，一卷。佚。明，吳德明撰。

　　　　著錄：《千頃堂書目》。

23. 《道德經說奧》，二卷。佚。明，朱孟嘗撰。

　　　　著錄：《四庫全書總目存目》。

　　　　　　　《續文獻通考》。

以上明

　　以上宋、元、明合計二十三部，其中存者七部，佚者十六部。

　　宋代雖讓儒、釋、道三家思潮自由發展，但學者們大都在爲三家合流而努力。如南宋程俱之《老子論》，雜引《老子》之文而推論之，謂道濟天下，儒、釋、老三者不可分。宋代三家合流已漸趨成熟，但以儒學爲主流。到了明代三家思想融合成熟，以儒學爲宗、心學爲要。雖然儒學、心學爲學術思潮的主流，但部份論著仍不離道教之本，例如杜道堅、薛致玄之作。杜道堅《玄經原旨發揮》以邵雍《皇極經世》論《老子》，全書分爲十二章，前六章述皇帝王伯道德力功之敘，後六章述老子降生受經西遊之略，內容不外理氣象數，道教神話。

第六節　專論類

1. 《大道論》，一卷。存。南宋，周固樸撰。

　　　　著錄：《道藏目錄詳註》。

　　　　傳本：《正統道藏》。

以上宋

2. 《觀老莊影響論》，一卷。存。明，釋德清撰。

　　　　著錄：《四庫全書總目存目》。

　　　　　　　《續文獻通考》。

　　　　傳本：《無求備齋老子集成初編》景印清刊釋德清《道德經解》本。

案：釋德清《道德經解》首附《觀老莊影響論》一卷。

以上明

以上宋、元、明合計二部，二部皆存。

宋、元、明專論類的老學著作，收得二部，皆存，即周固樸《大道論》與釋德清《觀老莊影響論》。

周固樸之《大道論》，引《老子》、《莊子》、《太平經》、《西升經》、《業報經》、《本際經》、《內觀經》、《道德眞經廣聖義》等，以論道爲始，闡明修心之理。

《觀老莊影響論》，又名《三教源流異同論》。釋德清雖爲一名僧人，但卻深通儒、老之學，生平以糅合儒、釋、道三家學說爲職志。釋德清欲以「心」來合流儒、釋、道三教。《觀老莊影響論》中強調「三界唯心」〔註28〕、「一切言教，皆從妙悟心中流出」〔註29〕。其於《道德經解》卷首諸條中，「發明歸趣」條下亦云：「是知三教聖人，所同者心，所異者跡也。以跡求心，則如蠡測海；以心融跡，則似芥含空；心跡相忘，則萬派朝宗，百川一味。」

第七節　箚記類

1. 《道德真經集註雜說》，二卷。存。南宋，彭耜撰。
　　著錄：《道藏目錄詳註》。
　　傳本：《正統道藏》。

以上宋

以上宋、元、明合計一部，尚存。

宋、元、明箚記類的老學著作，僅收得一部，尚存，即彭耜《道德眞經集註雜說》。

《道德眞經集註雜說》摘錄子史文集中歷代皇帝崇尚「老子」及道士的記載、諸家評論及實踐《老子》的言行。其可與參證者，有程大昌《易老通言》、林東《經解發題》、黃茂材《老子解》和劉驥《道德經通論》等。劉師立《道德經節解》十六

〔註28〕《觀老莊影響論》云：「三界唯心，萬法唯識。既唯心識觀，則一切形，心之影也；一切聲，心之響也。是則一切聖人，乃影之端者；一切言教，乃響之順者。」
〔註29〕《觀老莊影響論》云：「古之聖人無他，特悟心之妙者。一切言教，皆從妙悟心中流出，應機而示淺深者也。」

篇，已佚，該書引其五則，亦可貴也〔註30〕。

第八節　考證類

1. 《道德真經集註釋文》，一卷。存。南宋，彭耜撰。
　　著錄：《道藏目錄詳註》。
　　傳本：《正統道藏》。

以上宋

2. 《老子考異》，一卷。存。明，薛蕙撰。
　　著錄：《明史・藝文志》。
　　傳本：《道德經名注選輯》及《無求備齋老子集成初編》景印明嘉靖刊本（國
　　　　　立中央圖書館藏）。
　　案：附見於薛蕙《老子集解》。

3. 《老子紀異》，一卷。存。明，朱得之撰。
　　著錄：《千頃堂書目》。
　　　　　《明史・藝文志》。
　　傳本：《道德經名注選輯》及《無求備齋老子集成初編》景印明代浩然齋刊《三
　　　　　子通義》本（國立中央圖書館藏）。
　　案：附見於朱得之《老子通義》。

4. 《老子考異》，一卷。存。明，焦竑撰。
　　著錄：《明史・藝文志》。
　　　　　《四庫全書總目提要》。
　　傳本：《四庫全書》。
　　案：附見於焦竑《老子翼》。

以上明

　　以上宋、元、明合計四部，四部皆存。
　　宋、元、明考證類的老學著作，收得四部，其中薛蕙、朱得之、焦竑之作，均
是記錄各家《老子》文本之異同。唯獨彭耜《道德真經集註釋文》不同，其書以宋

〔註30〕參見朱越利：《道藏分類解題》（北京：華夏出版社，1996年），頁12。

徽宗之注本為底本，將《老子》中所校、所注音、所釋之字句分章錄出。除以王弼、河上公、陸德明、杜光庭諸家校訂外，餘皆宋人。所集之注音，乃為已佚之李畋《老子音解》和林東《老子音釋》〔註31〕。

第九節　校勘類

1. 《校正老子》，不著卷數。佚。元，吳澂撰。
　　著錄：金門詔《補三史藝文志》。
　　　案：「吳澂」疑即「吳澄」〔註32〕。倪燦《補遼金元藝文志》：「吳澄《老子道德經注》四卷，更定一百六十八字。」若此《校正老子》即是倪燦之所指，則可見於《正統道藏》之吳澄《道德眞經注》。

以上元

2. 《老子道德經》，四卷。存。明，許宗魯校。
　　著錄：《崇雅堂書錄》。
　　傳本：《無求備齋老子集成初編》景印明代樊川別業刊《六子書》本（國立中央圖書館藏）。

3. 《道德真經》，二卷。存。明，施堯臣校。
　　傳本：《無求備齋老子集成初編》景印明代施堯臣刊《四子》本（國立中央圖書館藏）。

4. 《老子》，二卷。存。明，謝汝韶校。
　　傳本：《無求備齋老子集成初編》景印明代崇德書院刊《二十家子書》本（國立中央圖書館藏）。

5. 《老子道德經》，二卷。存。明，馮夢楨校。
　　傳本：《無求備齋老子集成初編》景印明代尚友軒刊本（國立中央圖書館藏）。

6. 《老子道德經》，二卷。存。明，吳勉學校。
　　傳本：《無求備齋老子集成初編》景印明刊《二十子》本。

〔註31〕參見朱越利：《道藏分類解題》（北京：華夏出版社，1996年），頁12。
〔註32〕吳澄《老子道德經注》，諸家均作「吳澄」，而錢大昕《補元史藝文志》卻作「吳澂」，故疑金門詔所指之「吳澂」應為「吳澄」。

7. 《道德經》，一卷。存。明，彭好古集、黃之寀校。

　　傳本：《無求備齋老子集成初編》景印明刊《道言內外》本。

8. 《老子》，二卷。存。明，閔齊伋校。

　　傳本：《無求備齋老子集成初編》景印明刊本。

9. 《道德真經註》，二卷。存。宋，林希逸撰；明，程兆莘校。

　　傳本：《道德經名注選輯》景印明代程兆莘校刊本（國立中央圖書館藏）。

　　　案：以林希逸《道德真經口義》為底本。

10. 《呂岩道德經釋義》，二卷。存。牟目源校。

　　傳本：《道德經名注選輯》景印清重鐫明刊本（國立中央圖書館藏）、《無求備
　　　　齋老子集成初編》景印清代汗簡齋刊本。

　　　案：「呂岩」即唐代「呂嵒」。牟目源身世不詳，自署弟子。

以上明

　　以上宋、元、明合計十部，其中存者九部，佚者一部。

　　宋、元、明校勘類的老學著作，除了校勘《老子》本文外，尚有校勘前人之注
本，如程兆莘、牟目源之作。

第十節　評註類

1. 《老子評點》，二卷。存。元，劉辰翁撰。

　　著錄：《奕慶藏書樓書目》。

　　傳本：《無求備齋老子集成初編》景印明刊《劉須溪評點九種書》本。

以上元

2. 《老子品彙釋評》，一卷。存。明，翁正春撰。

　　著錄：《傳是樓書目》。

　　傳本：明刊《寶善堂》本（國立中央圖書館藏）。

3. 《諸子玄言評苑·老子》，二卷。存。明，李廷機撰。

　　著錄：《傳是樓書目》。

　　傳本：明刊《諸子玄言評苑》本（日本國立公文書館藏）。

4. 《諸子品節·老子》，二卷。存。明，陳深撰。

著錄：《傳是樓書目》。

傳本：《無求備齋老子集成初編》景印明刊《諸子品節》本，嚴氏將書名題作
《老子品節》。

5. 《諸經品節・道德經》，二卷。存。明，楊起元撰。

傳本：《無求備齋老子集成初編》景印明刊《諸經品節》本（日本國立公文書
館藏），嚴氏將書名題作《道德經品節》。

6. 《老子雋》，二卷。存。明，陳繼儒撰。

著錄：《傳是樓書目》。

傳本：《無求備齋老子集成初編》景印明刊《五子雋》本。

7. 《道德經注》，二卷。存。宋，蘇轍撰；明，凌稚隆評。

傳本：《道德經名注選輯》及《無求備齋老子集成初編》景印明代吳興凌氏刊
本（國立中央圖書館藏）。

案：凌稚隆，字以棟。書前之作者原題作「凌以棟」。

8. 《道德經評註》，二卷。存。明，歸有光撰。

著錄：《傳是樓書目》。

傳本：《道德經名注選輯》及《無求備齋老子集成初編》景印明刊《道德南華
二經評註》本（國立中央圖書館藏）。

9. 《諸子彙函・老子》，一卷。存。明，歸有光撰。

傳本：《無求備齋老子集成初編》景印明刊《諸子彙函》本，嚴氏將書名題作
《老子彙函》。

10. 《老子奇評》，二篇。存。明，祝世祿撰。

傳本：明刊《三子奇評》本（國立中央圖書館藏）。

11. 《老子道德經》，二卷。存。晉，王弼註；明，孫鑛評。

著錄：《傳是樓書目》。

傳本：明刊《孫月峰三子評》本（國立中央圖書館藏）、《無求備齋老子集成初
編》景印明鈔本，嚴氏將書名題作「孫鑛評《王弼注老子》」。

12. 《諸子嫏嬛・老子》，一卷。存。明，鍾惺撰。

傳本：《無求備齋老子集成初編》景印明刊《諸子嫏嬛》本（日本國立公文書
館藏），嚴氏將書名題作《老子嫏嬛》。

13. 《老子翼評點》，一卷。存。明，董懋策撰。

　　傳本：《無求備齋老子集成初編》景印清刊《董氏叢書》本。

14. 《諸子奇賞‧老子》，一卷。存。明，陳仁錫撰。

　　傳本：《無求備齋老子集成初編》景印明刊《諸子奇賞》本（國立中央圖書館
　　　　　藏），嚴氏將書名題作《老子奇賞》。

15. 《老子道德真經奇賞》，二卷。存。明，范方撰。

　　傳本：《無求備齋老子集成初編》景印明刊本〔註33〕。

以上明

　　以上宋、元、明合計十五部，十五部皆存。

　　宋、元、明評註類的老學著作，元初所刊的劉辰翁《老子評點》乃為首作。劉
辰翁乃以林希逸《道德真經口義》為藍本加以評註。

　　明人評文，有所謂評點之學，本以分析章句，求作文之法；推而廣之，至於讀
經讀史，無不可以評點求其奧義。而評註類的老學著作早始於宋末元初〔註34〕，但
卻直到明代才開始興盛。此乃因前人對《老子》之義解及論述，不僅精闢而且還非
常豐富，這使得明人在老學的義理上，已無能有多大的發明，因此借評點前人之注
疏來略申己意。

第十一節　類釋類

1. 《新刊王太史彙選諸子類語》。存。明，王衡撰。

　　傳本：明刊本（國立中央圖書館藏）。

2. 《諸子綱目類編》。存。明，李元珍撰。

　　傳本：明刊本（臺灣商務印書館景印，1973 年）。

以上明

　　以上宋、元、明合計二部，二部皆存。

　　宋、元、明類釋類的老學著作，僅收得二部。王衡、李元珍均節錄《老子》原

〔註33〕《無求備齋老子集成初編》題作「金堡《老子道德真經奇賞》」，實為金堡校閱、范
　　　　方評次。

〔註34〕劉辰翁生於宋理宗紹定四年，卒於元世祖至元三十一年，年六十四。

文，分類編入各目內。王衡不加注文，而李元珍則加圈點旁注。

　　類釋之作，主要是節錄各家經典之原文，分類編入各目內，以綜合比較各家學說之異同。

第十二節　讚頌類

1. 《道德篇章玄頌》，二卷。存。北宋，宋鸞撰。
　　　著錄：《道藏目錄詳註》。
　　　傳本：《正統道藏》。
以上宋

2. 《道德真經章句訓頌》，二卷。存。元，張嗣成撰。
　　　著錄：《道藏目錄詳註》。
　　　傳本：《正統道藏》。

3. 《道德經轉語》，二卷。存。元，陳致虛撰。
　　　傳本：《無求備齋老子集成初編》景印清代汗簡齋刊本。
　　　　案：陳致虛，字觀吾。書前作者題作「陳觀吾」。

4. 《道德真經頌》，一卷。存。元，蔣融庵撰。
　　　著錄：《道藏目錄詳註》。
　　　傳本：《正統道藏》。
以上元

　　以上宋、元、明合計四部，四部皆存。

　　宋、元、明讚頌類的老學著作，收得四部，都是用詩頌的形式，發表自己對《老子》的見解，實際上也是注《老》的形式之一。從「三教互補」到「三教合流」的過程中，三家思想雖互相攻訐問難，但亦互相影響，彼此吸收對家之長，例如讚頌之作就是源於佛教。

　　宋鸞、張嗣成之頌解《道德經》，均將文分為八十一章，摘引《道德經》部分辭句。宋鸞採七言韻語，內容強調虛靜，並主張修煉長生。張嗣成則以四、五、七言為句，頗似禪偈，內容以儒家之修齊治平、道教之性命修煉二說為主。

　　陳觀吾、蔣融庵以七言絕句八十一首頌解《道德經》，且均不引原文。陳觀吾就每章經意作頌，並附音註，頗類偈語。而蔣融庵則完全脫開了《道德經》之辭句，

旨在勸人無心、不著名相、超然物外以修大道。

第十三節　目錄類

1. 《道藏目錄詳註》，四卷。存。明，白雲霽撰。

　　著錄：《四庫全書總目提要》。

　　傳本：《四庫全書》。

以上明

　　以上宋、元、明合計一部，尚存。

　　宋、元、明目錄類的老學著作，僅收得一部。前人目錄類的著作不少，但以老學爲主者，此白雲霽《道藏目錄詳註》應是首作。其書以《道藏》全部道家著述，用《千字文》分門編次，在每書目下，詳列卷數，並簡註內容以爲解題。《道藏》不僅包含注解或論述《道德經》之著作，尚且囊括了其他眾多道書〔註35〕，但道教原本就與《老子》關係密切，因此就廣義而言，《道藏》之全部道書，亦可納入老學之範疇。

第十四節　文粹類

1. 《說郛・老子》，二卷。存。元，陶宗儀撰。

　　傳本：明鈔《說郛》本（國立中央圖書館藏）。

以上元

2. 《諸子纂要・老子》，一卷。存。明，黎堯卿撰。

　　著錄：《四庫全書總目存目》。

　　傳本：明刊本（國立中央圖書館藏）。

3. 《六子摘抄・老子》，一卷。佚。明，方鵬撰。

　　著錄：《傳是樓書目》。

〔註35〕陸修靜將道經分類爲「三洞四輔十二類」，此十二類爲：本文、神符、玉訣、靈圖、譜錄、戒律、威儀、方法、眾術、記傳、贊頌、表奏。此分類體系由南北朝道士補充完善而形成，爲後代各朝所沿用，現存明正續《道藏》也按此分類。《道德經》之文本歸於本文類，《道德經》之注疏則歸於玉訣類。

4. 《六子要語‧老子》，一卷。存。明，桂天祥撰。

　　傳本：明刊《六子要語》本（國立中央圖書館藏）。

5. 《六子摘粹‧老子》，一卷。存。明，劉伯淵撰。

　　傳本：明刊本（香港大學馮平山圖書館藏）。

6. 《古今粹言‧老子》，一卷。佚。明，陳繼儒撰。

　　著錄：《江蘇省立國學圖書館圖書總目》。

7. 《諸子拔粹‧老子》，一卷。存。明，李雲翔撰。

　　著錄：《傳是樓書目》。

　　傳本：明刊《諸子拔粹》本（國立中央圖書館藏）。

以上明

　　以上宋、元、明合計七部，其中存者五部，佚者二部。

　　文粹之作，乃是雜抄諸子之文，以備科舉之用。陶宗儀節錄《老子》原文三十章，而李雲翔卻僅節錄二章，雖然節錄之文多寡不一，但均是經文中之要語。有些文粹之作，亦略加注文，如桂天祥之作，而劉伯淵則不僅略加簡注，尚間加注音。

　　以上宋、元、明之老學著作合計二百四十三部，其中存者一百一十五部，殘存七部，佚者一百二十一部。

第七章　清代之老子學

　　從整個中國古代的學術發展史上看，明清之際的中國學術發生了一次較爲顯著的轉變，這就是從宋學轉爲漢學，即從侈談心性的空泛學風，轉變爲埋頭考據的實證學風。如果按照朱熹的學說來指導天下學子的思想與學習，就會形成學者讀書的風氣。而按照王陽明的學說，經過三傳四傳以後，天下的學子們就會自然而然地養成束書不觀、游談無根的弊端。清代學者不僅痛恨明人的惡劣學風對學術的敗壞〔註1〕，尤其痛心這種學風成爲導致明朝滅亡的原因之一〔註2〕。基於這兩方面的不滿，清代學者便不約而同地都把治學的態度轉向踏實和具體，要把治學的方向轉到經學方面〔註3〕，把學術的風氣變爲博引實證和經世致用〔註4〕。其中最爲顯赫的是由惠棟和戴震開創的考據學派。考據學是整個清代學術的主力，學者們在古籍中小心求

〔註1〕梁啓超總結這一現象時曾痛切指陳：「考其思想之本質，則所研究之對象，乃純在紹紹靈靈不可捉摸之一物。少數俊拔篤摯之士，曷嘗不循此道而求得身心安宅？然效之及於世者已鮮，而浮僞之輩，摭拾虛辭以相誇煽，乃甚易易。故晚明『狂禪』一派，至於『滿街皆是聖人』，『酒色財氣不礙菩提路』，道德且墮落極矣。重以制科帖括，籠罩天下，學者但習此種影響因襲之談，便足以取富貴，釣名譽，舉國靡然化之，則相率於不學，且無所用心。故晚明理學之弊，恰如歐洲中世紀黑暗時代之景教。其極也，能使人心思耳目皆閉塞不用，獨立創造之精神，消蝕達於零度。」（見梁啓超：《清代學術概論》（復旦大學出版社，1985年），頁7。）

〔註2〕顧炎武說：「以明心見性之空言，代修己治人之實學。股肱惰而萬事荒，爪牙亡而四國亂，神州蕩覆，宗社丘墟。」（見顧炎武：《日知錄》，卷七，「夫子之言性與天道」條。）

〔註3〕如顧炎武提出：「經學即理學也，自有捨經學以言理學者，而邪說以起。」（見全祖望：《亭林先生神道表》。）

〔註4〕顧炎武著成的《音學五書》和《日知錄》，就是博引實證的代表，他又寫了《天下郡國利病書》和《肇域志》，則是經世致用的代表。此外有黃宗羲寫成《明夷待訪錄》、王夫之著有《讀通鑑論》、《宋論》，其中都反映了經世致用、關心政治的思想。

證、深入研究〔註5〕。清代學者大多不生產鴻篇巨制，而是以札記的形式著作〔註6〕。這些著作的語言非常樸實，多無華美的詞藻，故而被一致公認爲「樸學」。

受清代考據學的影響，《老子》的著作本身，日益成爲學者關心的焦點，而不再像以前那樣，只對《老子》書中的義理進行詮釋。又因爲受到「樸學」的影響，所以考證性的著作比之前代有大幅度增加。之前，也有專對《老子》本文進行校定考證的著作，但在整個比例上，不能與闡釋義理的著作相提並論。這一類考證性的著作，在形式上，也是以札記爲主〔註7〕。〔註8〕

十九世紀末、二十世紀初，西方的思想和文化大量地傳到了中國，所以舊有的老學研究發生了一點實質上的變化。「傳統派」的老學研究，其研究方法與思想觀念仍然沿襲舊軌，停留在乾嘉學派的校勘考證上，雖間有一些全文的注解，但其據以解釋的觀念，亦屬舊學的範疇。此類的老學研究，因無新的考古資料〔註9〕出現，故難有根本進步，惟在細節上據前人研究做些補綴而已。而「維新派」受西學的影響，其研究的觀念及方法均引入了前所未有的新內容。「維新派」的代表人物首推嚴復，嚴復大力並全面地向中國譯介西方思想，在其《老子評點》一書中，可看到一些全新的見解〔註10〕。

清代對於老學的研究，整體而言就是以校定考證爲主，其中如畢沅《老子道德經考異》、王念孫《讀書雜志》、陶鴻慶《讀老札記》、孫詒讓《札迻》、文廷式《老子枝語》、劉師培《老子斠補》等，都相當具有學術價值，在老學研究史上亦甚受推重。

〔註5〕清代的考據學風，乃是對具體的問題進行深入細致的研究，用極謹慎小心的精神，求堅實牢靠的證據，不在古書之外另立新的思想或見解，只對古人典籍中已有的東西進行解釋。

〔註6〕清代學者大多窮畢生精力在準備資料，在未得到最滿意的資料之前，不輕率著書。甚至有的學者終其一生都在準備資料而未能完成其著作。即使是已經成書的著作，也不是誇誇其談的長篇大論，而是以札記形式爲主。如顧炎武的《日知錄》、王念孫的《讀書雜志》、王引之的《經義述聞》、《經傳釋詞》、錢大昕的《十駕齋養新錄》、趙翼的《廿二史札記》、俞樾的《古書疑義舉例》、孫詒讓的《札迻》、陳澧的《東塾讀書記》，諸如此類，不勝枚舉。

〔註7〕札記性的考證，如王念孫的《讀書雜志》、俞樾的《諸子平議》、孫詒讓的《札迻》等。

〔註8〕參見熊鐵基、馬良懷、劉韶軍：《中國老學史》（福州：福建人民出版社，1995年），頁420～424。

〔註9〕如馬王堆帛書《老子》、郭店楚簡《老子》。

〔註10〕夏曾佑爲嚴復《老子評點》作〈序〉曰：「嚴幾道讀之，以爲其說獨與達爾文、孟德斯鳩、斯賓塞相通。」

　　清代之老學著作，就內容及主旨而言，參考蕭天石之分類，大致上有玄學派、儒林派、御注派、丹道派、校勘派、音義派、經解派〔註11〕。而本文針對著作之形式來分類，大體上可別爲傳注、義疏、音義、通論、箚記、考證、校勘、評註、文粹、輯佚等十類。

第一節　傳注類

1. 《老子衍》，一卷。存。清，王夫之撰。
　　著錄：《清史稿・藝文志》。
　　　　　《江蘇省立國學圖書館圖書總目》。
　　傳本：《道德經名注選輯》及《無求備齋老子集成續編》景印清刊《船山遺書》
　　　　　本。

2. 《御注道德經》，二卷。存。清，世祖撰。
　　著錄：《四庫全書總目提要》。
　　　　　《皇朝文獻通考》、《清史稿・藝文志》。
　　傳本：《四庫全書》、《道德經名注選輯》及《無求備齋老子集成續編》景印清
　　　　　內府刊本（國立中央圖書館藏）。

3. 《道德經解》，二卷。佚。清，劉貞遠撰。
　　著錄：《販書偶記》。

4. 《道德經註解》，二卷。佚。清，朱鶴齡撰。
　　著錄：《販書偶記》。

5. 《道德經參補註釋》，二卷。存。清，顧如華、孫承澤撰。
　　傳本：《無求備齋老子集成續編》景印清刊本（日本東京上野圖書館藏）。

6. 《老子說略》，二卷。存。清，張爾岐撰。
　　著錄：《四庫全書總目提要》。

〔註11〕玄學派有倪元坦；儒林派有王夫之、張爾岐、俞樾、姚鼐、陳澧、魏源、嚴復、紀昀
　　　　等人；御注派有清世祖；丹道派有宋常星、李涵虛等人；校勘派有畢沅、汪中、嚴
　　　　可均、高廷第、陶鴻慶、魏錫曾（稼孫）、陸心源、易順鼎、孫詒讓、劉師培等人；
　　　　音義派有江有誥、劉師培等人；經解派有紀大奎。
　　　　（參見蕭天石：《道德經名注選輯七・序》（臺北：中國子學名著集成編印基金會，《中
　　　　國子學名著集成》第52）。）

《皇朝文獻通考》、《清史稿‧藝文志》。

傳本：《四庫全書》、《無求備齋老子集成續編》景印清代小蓬萊館刊本。

7. 《道德經順硃》，二卷。存。清，釋德玉撰。

著錄：《國立中央圖書館善本書目》。

傳本：《無求備齋老子集成續編》景印清刊本（國立中央圖書館藏）。

8. 《老子注》，二卷。佚。清，董漢策撰。

著錄：《販書偶記》。

9. 《道德眼》，二卷。存。清，花尚撰。

著錄：《八千卷樓書目》。

傳本：《無求備齋老子集成續編》景印清刊本。

10. 《老子注》，二卷。佚。清，唐琯撰。

著錄：《販書偶記》。

11. 《道德經編註》，二卷。佚。清，胡與高撰。

著錄：《四庫全書總目存目》。

《皇朝文獻通考》、《清史稿‧藝文志》。

12. 《道德經集註》，二卷。存。清，徐永祐撰。

著錄：《販書偶記》。

傳本：《無求備齋老子集成續編》景印清刊本（無求備齋藏）。

13. 《老子元翼》，二卷。存。清，郭乾洒撰。

著錄：《販書偶記》。

傳本：《無求備齋老子集成續編》景印清刊本。

14. 《道德經註》，二卷。存。清，徐大椿撰。

著錄：《四庫全書總目提要》。

《皇朝文獻通考》、《清史稿‧藝文志》。

傳本：《四庫全書》。

15. 《老子章義》，二卷。存。清，姚鼐撰。

著錄：《清史稿‧藝文志》。

傳本：《無求備齋老子集成續編》景印清嘉慶吳啓昌刊本、《道德經名注選輯》
景印清同治吳氏重刊本。

16. 《**老子本義**》，二卷。**存**。清，鄭環撰。

　　著錄：《販書偶記》。

　　傳本：《道德經名注選輯》景印清乾隆刊本、《無求備齋老子集成續編》景印清
　　　　　嘉慶甘泉尋樂堂刊本（國立中央研究院藏）。

17. 《**老子參注**》，四卷。**存**。清，倪元坦撰。

　　著錄：《清史稿‧藝文志》。

　　　　　《販書偶記》（二卷）。

　　傳本：《無求備齋老子集成續編》景印清刊本（日本京都大學文學部藏）。

18. 《**道德經輯註**》，二卷。**存**。清，鄧暄撰。

　　著錄：《販書偶記》。

　　傳本：《無求備齋老子集成續編》景印清刊《老佛五經同函》本（無求備齋藏）。

19. 《**道德經懸解**》，二卷。**佚**。清，黃元御撰。

　　著錄：《四庫全書總目存目》。

　　　　　《皇朝文獻通考》、《清史稿‧藝文志》。

20. 《**老子解**》，二卷。**存**。清，吳鼐撰。

　　著錄：《清史稿‧藝文志》（一卷）。

　　　　　《江蘇省立國學圖書館圖書總目》。

　　傳本：《無求備齋老子集成續編》景印清刊《昭代叢書》本。

21. 《**道德經注**》，三卷。**佚**。清，汪光緒撰。

　　著錄：《販書偶記》。

22. 《**道德經臆注**》，二卷。**佚**。清，王定柱撰。

　　著錄：《清史稿‧藝文志》。

　　　　　《八千卷樓書目》、《販書偶記》。

23. 《**道德寶章翼**》，二卷。**佚**。清，金道果撰。

　　著錄：《清史稿‧藝文志》。

　　　　　《江蘇省立國學圖書館圖書總目》。

24. 《**道德經註釋**》，二卷。**存**。清，李涵虛撰。

　　傳本：《無求備齋老子集成續編》景印清刊《太上十三經註解》本。

25. 《**老子本義**》，二卷。**存**。清，魏源撰。

著錄：《販書偶記》。

傳本：《無求備齋老子集成續編》景印清刊本。

26. 《過庭錄‧老子》，一卷。存。清，宋翔鳳撰。

　　傳本：《無求備齋老子集成續編》景印清刊《過庭錄》本。僅解數章，嚴氏將
　　　　　書名題作《老子章義》。

27. 《老子注》，一卷。存。清，陳澧撰。

　　傳本：《無求備齋老子集成續編》景印清鈔本。

28. 《老子證義》，二卷。存。清，高延第撰。

　　著錄：《販書偶記》。

　　傳本：《無求備齋老子集成續編》景印清刊本。

29. 《道德經注》，一卷。佚。清，陳三立撰。

　　著錄：《販書偶記》。

30. 《道德經證》，二卷。存。清，德園子撰。

　　著錄：《販書偶記》。

　　傳本：《無求備齋老子集成續編》景印清刊本（日本東京上野圖書館藏）。

31. 《老子解》，二卷。佚。清，易佩紳撰。

　　著錄：《江蘇省立國學圖書館圖書總目》。

32. 《道德經淺解》，一卷。存。清，滕雲山撰。

　　傳本：《無求備齋老子集成續編》景印民初排印本。

33. 《道德經發隱》，一卷。存。清，楊文會撰。

　　著錄：《清史稿‧藝文志》。

　　傳本：《無求備齋老子集成續編》景印清刊本。

　　　案：僅解「道可道」、「谷神不死」、「出生入死」三章。

以上清

　　以上清代合計三十三部，其中存者二十二部，佚者十一部。

　　清代傳注類的老學著作，如花尚、董德寧以儒解老；李涵虛以治身治世爲訓；
倪元坦以莊解老；滕雲山以莊、儒、佛解老，間及養生；楊文會以佛解老。大多承
前人舊說，並無多大發明。

　　一般人在衍伸某部經典的思想之前，都是先站在認同的立場。例如魏源《老子本義》之作，乃是因其認同《老子》爲救世之書〔註12〕。但明末清初的王夫之卻是站在「見其瑕」的立場上〔註13〕，來爲《老子》注疏。這在老學史上，算得上是一個特例。

　　王夫之把明朝滅亡的原因，歸咎於風靡「心學」的不良學風。所以王夫之認爲，佛教學說是自古以來最爲有害的三家思想學說之一，而另外二家即爲申韓學說和老子思想。王夫之認爲老子思想造成了「不公」、「不經」、「不祥」的後果〔註14〕。而佛教早期在中國是依附著老莊思想而流傳，故爲「端本清源」，就必須從批判老子的思想入手。《老子衍》是王夫之最早寫成的著作之一。

　　王夫之想以《老子衍》廢棄諸家之詩論，再闡述正確的思想觀點，從而使「道」復明於天下。王夫之反對用非老子的思想解釋《老子》。他認爲，自晉代王弼到明代的李贄，對《老子》的解釋都是不合乎老子本意的〔註15〕。王夫之認爲對老子思想的正確解釋方法，當以老子、莊子的解釋爲準〔註16〕。王夫之雖然指出了老子思想的弊病，但也肯定了老子思想對於治國治民的有益一面，例如漢代的文、景之治，

〔註12〕魏源《老子本義》第三章注云：「《老子》救世之書也」；第五十八章注云：「老子著書，明道救時」；第一章注云：「老子見學術日歧，滯有溺迹，思以眞常不弊之道救之」；第六十一章注云：「此老子憫時救世之心也」。

〔註13〕王夫之《老子衍》之〈自序〉云：「夫之察其詩者久之，乃廢諸家，以衍其意。蓋入其壘，襲其輜，暴其恃，而見其瑕矣。見其瑕，而後道可使復也。」

〔註14〕王夫之《老子衍》之〈自序〉云：「夫之察其詩者久之，乃廢諸家，以衍其意。蓋入其壘，襲其輜，暴其恃，而見其瑕矣。見其瑕，而後道可使復也。夫其所謂瑕者何也？天下之言道者，激俗而故反之則不公，偶見而樂持之則不經，鑿慧而數揚之則不祥。三者之失，老子兼之矣。故於聖道所謂文之以禮樂以建中和之極者，未足以與其深也。」

〔註15〕王夫之《老子衍》之〈自序〉云：「昔之註《老子》者，代有殊宗，家傳異說。逮王輔嗣、何平叔合之於乾坤易簡，鳩摩羅什、梁武帝濫之於事理因果，則支補牽會，其誣久矣。迄陸希聲、蘇子由、董思靖及近代焦竑、李贄之流，益引禪宗，互相綴合，取彼所謂教外別傳者以相糅雜，是猶閩人見霜而疑雪，洛人聞食蟹而剝蟛蜞也。」王、何是用《周易》的思想解釋《老子》，鳩摩、梁武以下都是用佛教的思想解釋《老子》。王夫之認爲，他們的解釋依據既已錯誤，解釋的結論就可想而知了。

〔註16〕王夫之《老子衍》之〈自序〉云：「老子之言曰：『載營魄抱一，無離大道。汎分其可左右，沖氣以爲和。』是既老之自釋矣。莊子曰：『爲善無近名，爲惡無近刑，緣督以爲經。』是又莊之爲老釋矣。舍其顯釋，而強儒以合道則誣儒，強道以合釋則誣道。」王夫之認爲老、莊對老子思想的解釋才是明白無誤的解釋，故稱之爲「顯釋」，放棄老、莊的「顯釋」而取彼教外別傳以釋《老子》，就會形成「誣儒」或「誣道」的局面，不僅不能正確理解老子的思想，而且也會歪曲儒家的思想，其危害是相當大的。

就是運用黃、老之學〔註17〕。

第二節　義疏類

1. 《道德經講義》，二卷。存。清，宋常星撰。
   傳本：《道藏精華》、《無求備齋老子集成續編》景印民國重印本。

2. 《道德經述義》，二卷。存。清，清陽子撰。
   傳本：《無求備齋老子集成續編》景印清刊本（國立臺灣大學圖書館藏）。
   　案：此書僅言各章章旨或段旨，並略述章節大意。

3. 《道德經經問》，一卷。存。清，清陽子撰。
   傳本：《無求備齋老子集成續編》景印清刊本（國立臺灣大學圖書館藏）。
   　案：取《老子》書中重要文句，分條自作問答。附見於清陽子《道德經述義》，
   　　書首曰：「既述大旨，句有未明亦足為累，並著為《經問》若干言。」

4. 《道德經講義》，三卷。存。清，黃裳撰。
   傳本：《無求備齋老子集成續編》景印民初排印本。

以上清

　以上清代合計四部，四部皆存。
　宋常星、清陽子以儒解老；黃裳以丹汞內修之旨解老。清代義疏類的老學著作，
亦多承前人舊說。

第三節　音義類

1. 《古音諧・老子》，一卷。存。清，姚文田撰。
   傳本：清道光年間姚氏刊《古音諧》本，清光緒年間重刊《古音諧》本。

〔註17〕王夫之《老子衍》之〈自序〉云：「雖然世移道喪，覆敗接武，守文而流偽竊，昧幾
而為禍先，治天下者生事擾民以自蔽，取天下者力竭智盡而散其民，使測老子之幾，
以俟其自復，則有瘳也。文、景踵起而迓昇平，張子房、孫仲和異尚而遠危殆，用
是物也。較之釋氏之荒遠苛酷，究於離披纏棘，輕物理於一擲，而僅取歡於光怪者，
豈不賢乎？司馬遷曰：『老聃無為自化，清靜自正』，近之矣。若『猶龍』之歎，云
出仲尼之徒者，吾何取焉！」

2. 《先秦韻讀‧老子》，一卷。存。清，江有誥撰。

　　傳本：《無求備齋老子集成續編》景印清刊《音學十書》本，嚴氏將書名題作
　　　　　《老子韻讀》。

3. 《炳燭編‧老子古韻》，一卷。存。清，李賡芸撰。

　　傳本：清同治年間刊《炳燭編》本，上海商務印書館《叢書集成初編》排印《炳
　　　　　燭編》本。

4. 《左盦外集‧老子韻表》，一卷。存。清，劉師培撰。

　　著錄：《販書偶記》。

　　傳本：《無求備齋老子集成續編》景印民國《劉申叔遺書》排印本。

以上清

　　以上清代合計四部，四部皆存。

　　清代音義類的老學著作，收得四部，但四部均只是學者從事古韻研究的部分資
料而已。姚文田節錄《老子》文句之有韻者，在協韻之字加以圓圈，下注《老子》
篇名或章名，依韻別類輯。江有誥用《老子》五千言原文，以圓圈標明其音韻。李
賡芸僅論述《老子》「薄」、「契」、「末」三字古韻。劉師培乃輯《老子》各韻語，分
部別居，惜全書未完，僅完成第一部之類、第二部脂類。

　　宋代以前並沒有古韻的觀念，古韻的觀念萌芽於元、明時期〔註18〕，清代則著
手從事全盤化、系統化的古韻歸納。進行古韻分部工作的第一位學者是顧炎武，他
的《音學五書》把古韻分為十部。接著江永《古韻標準》將古韻分為十三部，段玉
裁《六書音韻表》分為十七部，江有誥《音學十書》和王念孫《古韻譜》都分為二
十一部。

〔註18〕元代戴侗《六書故》云：「《書》傳『行』皆戶郎切，《易》與《詩》雖有合韻者，然
　　　　『行』未嘗有協庚韻者；『慶』皆去羊切，未嘗有協映韻者；如『野』之上與切，『下』
　　　　之後五切，皆古正音，與合異，非叶韻也。」

　　　　明代焦竑〈古詩無叶音說〉云：「詩有古韻今韻，古韻久不傳，學者于《毛詩》、〈離
　　　　騷〉皆以今韻讀之，其有不合，則強為之音，曰此叶也，予意不然。」

　　　　明代陳第《毛詩古音考》之序文云：「蓋時有古今，地有南北，字有更革，音有轉移，
　　　　亦勢所必至。」

　　　　（參見林慶勳、竺家寧：《古音學入門》（臺北：學生書局，1993年），頁165。）

第四節　通論類

1. 《老子約說》，四卷。存。清，紀大奎撰。
　　著錄：《清史稿·藝文志》。
　　　　　《販書偶記》。
　　傳本：《無求備齋老子集成續編》景印清刊《紀慎齋先生全集》本（無求備齋藏）。

2. 《老子宗旨》，四卷。佚。清，吳世尚撰。
　　著錄：《販書偶記》。

3. 《非老》，一卷。存。清，吳鼐撰。
　　著錄：《清史稿·藝文志》。
　　傳本：《無求備齋老子集成續編》景印清刊《昭代叢書》本。

以上清

　　以上清代合計三部，其中存者二部，佚者一部。
　　清代以儒家為正統，老學已經式微。紀大奎以《易》釋《老》，而吳鼐《非老》則站在儒家的立場，以孔子之道批評老子之不足。
　　明代大行「心學」，而清代盛行「考據」，明、清兩代都以儒家為正統，對於老子思想都不太重視。又因清代學者在老子思想上，並沒有較為新穎的看法，無法突破舊有的東西，所以通論類的老學著作寥寥可數。

第五節　箚記類

1. 《霜紅龕集·讀子·老子》，一卷。存。清，傅山撰。
　　傳本：《無求備齋老子集成續編》景印清刊本（國立臺灣大學圖書館、無求備齋並藏），嚴氏將書名題作《讀老子》。

2. 《老子述記》，一卷。存。清，任兆麟撰。
　　傳本：《無求備齋老子集成續編》景印清刊本。

3. 《讀道德經私記》，二卷。佚。清，汪縉撰。
　　著錄：《四庫全書總目存目》。
　　　　　《清史稿·藝文志》。

4. 《繹史・老子道教》，一卷。存。清，馬驌撰。

　　傳本：《無求備齋老子集成續編》景印清刊本，嚴氏將書名題作《老子》。

5. 《老子別錄》，一卷。存。清，吳鼐撰。

　　著錄：《清史稿・藝文志》。

　　傳本：《無求備齋老子集成續編》景印清刊《昭代叢書》本。

6. 《讀老子叢錄》，一卷。存。清，洪頤煊撰。

　　傳本：《無求備齋老子集成續編》景印清刊《讀書叢錄》本。嚴氏節選《讀書
　　　　叢錄》書中一些有關《老子》之文，並將書名題作《讀老子叢錄》。

7. 《讀書雜志餘編・老子》，一卷。存。清，王念孫撰。

　　傳本：《無求備齋老子集成續編》景印清刊《讀書雜志餘編》本，嚴氏將書名
　　　　題作《老子雜志》。

8. 《老子隨筆》，一卷。存。清，梁章鉅撰。

　　傳本：《無求備齋老子集成續編》景印清刊《退庵隨筆》本。嚴氏節選《退庵
　　　　隨筆》書中一些有關《老子》之文，並將書名題作《老子隨筆》。

9. 《讀書雜釋・老子》，一卷。存。清，徐鼐撰。

　　傳本：《無求備齋老子集成續編》景印清刊本，嚴氏將書名題作《老子雜釋》。

10. 《讀老札記》，一卷。存。清，陶鴻慶撰。

　　傳本：《無求備齋老子集成續編》景印民初《讀老莊札記》排印本。

11. 《讀老札記》，二卷。存。清，易順鼎撰。

　　著錄：《販書偶記》。

　　傳本：《無求備齋老子集成續編》景印清刊《寶瓠齋雜俎》本。

12. 《老子識小》，一卷。存。清，郭階撰。

　　著錄：《江蘇省立國學圖書館圖書總目》。

　　傳本：《無求備齋老子集成續編》景印清刊《春暉堂雜俎》本。

13. 《老子札迻》，一卷。存。清，孫詒讓撰。

　　傳本：《無求備齋老子集成續編》景印清刊《札迻》本。嚴氏節選《札迻》書
　　　　中一些有關《老子》之文，並將書名題作《老子札迻》。

14. 《老子枝語》，一卷。存。清，文廷式撰。

傳本：《無求備齋老子集成續編》景印民國朱墨刊印《純常子枝語》本。

15. 《老子斠補》，一卷。存。清，劉師培撰。
　　著錄：《販書偶記》。
　　傳本：《無求備齋老子集成續編》景印民國《劉申叔遺書》排印本。

以上清

　　以上清代合計十五部，其中存者十四部，佚者一部。

　　清代箚記類的老學著作，其內容乃以考證為主。清代考據學盛行，學者惜墨，下筆謹慎，不輕率著書，即使論述，也常以札記體的形式出現。

　　這些札記體的考證內容，仍屬於「傳統派」的老學研究。雖然因無新的考古資料出現，而無法脫離舊學的範疇，但其中亦有可觀者。如陶鴻慶《讀老子札記》依《武英殿聚珍叢書》王弼注本，校正經文並注文誤誤，多所創獲；孫詒讓《札迻》考證認為《老子》之分章與分篇在漢代就已形成〔註19〕。其他如文廷式、劉師培等之著作，也都相當具有學術上的價值。

第六節　考證類

1. 《老子彙考》，四卷。存。清，陳夢雷撰。
　　傳本：《古今圖書集成經籍志》。

2. 《老子總論》，一卷。存。清，陳夢雷撰。
　　傳本：《古今圖書集成‧經籍典》。

3. 《老子紀事》，一卷。存。清，陳夢雷撰。
　　傳本：《古今圖書集成‧經籍典》。

4. 《老子雜錄》，一卷。存。清，陳夢雷撰。
　　傳本：《古今圖書集成‧經籍典》。

5. 《經典釋文補編‧老子音義考證》，一卷。存。清，盧文弨撰。

〔註19〕孫詒讓《老子札迻》云：「《老子》上下篇八十一章，分題『道經』、『德經』，河上公本、《經典釋文》所載王注本、《道藏》唐傅奕校本、石刻唐玄宗注本並同。《弘明集‧牟子理惑論》云：『所理止於三十七條，兼法老氏〈道經〉三十七篇』，則漢時此書已分〈道〉、〈德〉二經，其〈道經〉三十七章、〈德經〉四十四章，亦與今本正同。今所傳王注出於宋晁說之，所校不分〈道〉〈德〉二經，於義雖通，然非漢唐之舊。」

傳本：《無求備齋老子集成續編》景印清刊《抱經堂叢書》本。

6. 《老子道德經考異》，二卷。存。清，畢沅撰。
　　著錄：《清史稿‧藝文志》。
　　　　　《江蘇省立國學圖書館圖書總目》。
　　傳本：《無求備齋老子集成續編》景印清刊《經訓堂叢書》本。

7. 《史記志疑‧老子韓非列傳》，一卷。存。清，梁玉繩撰。
　　傳本：《無求備齋老子集成續編》景印清刊《史記志疑》本，嚴氏將書名題作
　　　　　《老子志疑》。

8. 《述學‧老子攷異》，一卷。存。清，汪中撰。
　　傳本：《無求備齋老子集成續編》景印清刊《述學》本。

9. 《老子唐本考異》，一卷。存。清，嚴可均撰。
　　傳本：《無求備齋老子集成續編》景印清刊《鐵橋漫稿》本。嚴氏節選《鐵橋
　　　　　漫稿》書中一段考校景龍二年龍興觀《道德經》碑之文，並將書名題作
　　　　　《老子唐本考異》。

以上清

　　以上清代合計九部，九部皆存。

　　清代考證類的老學著作，其內容相當豐富。清代盛行「考據」，爲求堅實牢靠的
證據，學者們窮畢生精力都在準備資料，因此收集歷史文獻資料，是考據學上非常
重要的一部分。

　　陳夢雷主編《古今圖書集成》，其《老子彙考》輯錄歷代有關老子之傳記敘事，
以及各史志所列有關《老子》著述之書目、作者、卷數等；《老子總論》彙輯歷代各
家評論《老子》相關之文章；《老子紀事》輯錄歷代說解《老子》者之略傳；《老子
雜錄》彙輯歷代各家著作中涉及《老子》相關之文字。雖然都只是輯錄歷代之文獻，
而不加入作者個人之論述，但對於研究老子思想及考證《老子》版本而言，均有非
常大的助益。再者如畢沅《老子道德經考異》，以傅奕本爲藍本，參校眾本，字不從
《說文》出者不取，在老學研究史上甚受推重。

第七節　校勘類

1. 《老子道德經》，二卷。存。清，紀昀校。

傳本：《無求備齋老子集成續編》景印清刊本。

案：紀昀以王弼注本爲底本校訂。

2. 《道德經訂註》，二卷。存。清，黃文運撰。

著錄：《販書偶記》。

傳本：《無求備齋老子集成續編》景印清刊本。

3. 《校老子》，一卷。存。清，王昶撰。

傳本：《無求備齋老子集成續編》景印清刊《金石萃編》本。原書《金石萃編》
考校唐、宋各類石碑，並不分篇，嚴氏節選考校《道德經》碑之文，並
將書名題作《校老子》。

4. 《二百蘭亭齋金石記·老子道德經幢殘石》，一卷。存。清，吳雲撰。

傳本：《無求備齋老子集成續編》景印清刊《二百蘭亭齋金石記》本，嚴氏將
書名題作《老子道德經幢殘石校記》。

5. 《老子王弼注勘誤》，一卷。存。清，陶鴻慶撰。

傳本：《無求備齋老子集成續編》景印民初《讀老莊札記》排印本。

案：附見於《讀老札記》。

6. 《校老子》，一卷。存。清，魏錫曾撰。

傳本：《無求備齋老子集成續編》景印清刊《魏稼孫全集》本。嚴氏節選魏錫
曾《績語堂碑錄》書中校勘《道德經》碑之文，並將書名題作《校老子》。

7. 《群書校補·道德指歸》，三卷。存。清，陸心源撰。

傳本：《無求備齋老子集成續編》景印清刊潛園《群書校補》本，嚴氏將書名
題作《道德眞經指歸校補》。

8. 《香草續校書·老子》，一卷。存。清，于鬯撰。

傳本：《無求備齋老子集成續編》景印民國《香草續校書》排印本，嚴氏將書
名題作《老子校書》。

以上清

以上清代合計八部，八部皆存。

清代校勘類的老學著作，仍是參考眾本，以校訂《老子》本文爲主。

第八節　評註類

1. 《諸子平議‧老子》，一卷。存。清，俞樾撰。
   傳本：《無求備齋老子集成續編》景印民初重刊清刊《諸子平議》本，嚴氏將
   　　　書名題作《老子平議》。

2. 《點勘諸子‧老子》，二卷。存。清，吳汝綸撰。
   著錄：《江蘇省立國學圖書館圖書總目》。
   傳本：《無求備齋老子集成續編》景印清刊桐城先生《點勘諸子》本，嚴氏將
   　　　書名題作《點勘老子讀本》。

3. 《老子評點》，二卷。存。清，嚴復撰。
   著錄：《販書偶記》。
   傳本：《無求備齋老子集成續編》景印清刊本（香港大學馮平山圖書館、無求
   　　　備齋並藏）。

以上清

　　以上清代合計三部，三部皆存。

　　明代流行評點之學，但因後學無法突破舊說，因此評點之學入清漸衰。但其中
的嚴復《老子評點》，卻令人耳目一新。

　　「維新派」的代表人物首推嚴復，其《老子評點》以西學參注《老子》，頗多創
見。夏曾佑為嚴復《老子評點》作〈序〉曰：「嚴幾道讀之，以為其說獨與達爾文、
孟德斯鳩、斯賓塞相通。」用西學說解《老子》者，當自嚴復始。

第九節　文粹類

1. 《諸子文粹‧老子》，一卷。存。清，李寶洤撰。
   傳本：《無求備齋老子集成續編》景印民初《諸子文粹》排印本，嚴氏將書名
   　　　題作《老子文粹》。

以上清

以上清代合計一部，尚存。

清代文粹類的老學著作，僅收得一部。李寶淦選錄《老子》文五十一章，加以圈點。

第十節　輯佚類

1. 《任子道論》，一卷。存。魏，任嘏撰；清，馬國翰輯。

傳本：馬國翰輯《玉函山房輯佚書》本。

案：馬國翰輯《任子道論》之佚文，錄馬總《意林》所載之十七節〔註20〕，又從《初學記》及《太平御覽》輯得九節，參互考訂〔註21〕。

2. 《葉夢得老子解》，二卷。存。南宋，葉夢得撰；清，葉德輝輯。

傳本：《無求備齋老子集成初編》景印清宣統元年刊本。

以上清

以上清代合計二部，二部皆存。

清代輯佚類的老學著作，收得二部，且自兩漢至清，亦僅此兩部而已。馬國翰所輯之《任子道論》僅是與老子之「道」相關而已，真正為老學研究所作的輯佚之書，僅葉德輝所輯之《葉夢得老子解》而已。近人蒙文通與嚴靈峰輯得不少已佚之《老子》注本，對老學研究的輯佚工作而言甚是有功。

以上清代之老學著作合計八十二部，其中存者六十九部，佚者十三部。

〔註20〕馬國翰輯本〈序〉曰：「馬總《意林》載《任子》十卷，注云：『名奕』。考諸史志，無任奕著書之目，『奕』蓋『嘏』之誤。」（見姚振宗《三國藝文志》。）

〔註21〕參見姚振宗《三國藝文志》。

第八章　結　論

　　杜光庭在《道德眞經廣聖義》的〈序〉中，回顧了歷代老學研究的基本狀況，列舉了詮、疏、箋《老子》的著作六十餘家，隨後歸納說：「所釋之理，諸家不同。或深了重玄，不滯空有；或溺推因果，偏執三生；或引合儒宗；或趣歸空寂。莫不並探驪寶，競掇珠璣。」的確，人們根據時代的需要和各自的思想去闡釋《老子》。於是，儒學、玄學、道教、佛教等各種思想便走進了老學的理論中。從各時代老學研究的內容來看：戰國時期的道家可大別爲「老莊」與「黃老」兩個派別；漢初盛行黃老思想，之後漢武帝雖獨尊儒術，但自東漢後期，老學又開始復興，碩學大儒「以義理解經」；魏晉玄學以何晏、王弼的「貴無派」爲主流，何、王二人以論注《老子》來建立自己的玄學理論體系，又魏晉之世佛老並行，僧人們擅長以佛解老；南北朝時佛、道相爭，儒、道、佛三教互補；唐代興道學、玄學，亦是處於由三教互補走向三教合流的時代，且三教均強調「心」的作用；三教合流的發展，到了明末而臻極致，但仍以儒學爲宗；明清之際從宋學轉爲漢學，即從談心論性轉變爲博引實證和經世致用，清代考據性的著作以箚記爲主，樸實無華被稱爲「樸學」。

　　綜合以上各章論述，我們可以將各類的重點條述於下：

一、正文類：

　　唐代尊崇老學，刊立《道德經》經幢、經碑之風盛行，唐玄宗並令天下應修官齋諸州刊勒。另外，出土文物對於史學、哲學以及考證學都非常重要。例如二、三○年代與五、六○年代，兩次關於老子的大討論，都因漢墓帛書《老子》、郭店楚簡《老子》尚未出土，而無法有重大的突破。郭店楚簡《老子》版本的年代大體可以定在戰國前期，這對於「《老子》成書於西漢」之主張，是極有力的反駁。而根據郭店楚簡《老子》的年代，基本上也可以斷定老子其人，當與孔子同時。由此看來，新出土的漢墓帛書《老子》與郭店楚簡《老子》，解決了數十年的推測與爭辯。

二、傳注類：

解老以韓非之〈解老〉、〈喻老〉為最古，河上公之《老子注》與道教養生關係密切，《老子想爾注》為道教服務，漢代以義理解經，王弼以《老子注》建立理論體系，魏晉僧人以佛解老，南北朝開「御注」之風，唐代多以三教釋老，宋、元的研究多樣且豐富，明代以心學為要，清代因考證風盛而幾無新解。

三、義疏類：

義疏類的老學著作，以何晏《老子講疏》為最早。為《老子》義疏的帝王中，以梁武帝為最早，但以唐玄宗的影響較大。杜光庭的《道德真經廣聖義》以三教釋《老》，欲推廣玄宗的老學思想。

四、音義類：

音義類的老學著作，首先出現於東晉而且數量甚豐，但現存最古的為陸德明之作，而清代之音義乃為古韻研究而作。

五、通論類：

漢初盛行黃老，嚴遵《老子指歸》演化陰陽之妙。魏晉玄學，何晏《道德論》以「無」為本、以「有」為末。宋、元、明三代之說，以融通三教為主，但卻以儒學為宗。清代老學式微，論說之作已不多見。

六、專論類：

專論之作，現存最古的為《淮南子》〈原道〉與〈道應〉二篇。〈原道〉闡述「道」的本質特徵，〈道應〉雜徵史事以證老子道德之言。唐代王真的《道德真經論兵要義述》欲藉《老子》之言以弭兵偃武。明代釋德清的《觀老莊影響論》則欲以「心」來合流儒、釋、道三教。

七、劄記類：

南宋彭耜《道德真經集註雜說》摘錄子史文集之相關資料。清代箚記類的老學著作，其內容則以考證為主。

八、傳記類：

為老子立傳，司馬遷是第一人，但其在《史記》中所記載的史料，卻讓後人對老子的身世有了不同的看法。再加上道教將老子神化的關係，遂有「出塞」、「西昇」、「化胡」等作。老子神化後，因宗教而替其立傳者甚多，但自先秦至清代，僅《舊唐書·經籍志》所著錄之《老子傳》，從書名來看，完全看不出為宗教服務的意味。

九、考證類：

明代以前之考證，大都是記錄各家《老子》文本之異同。但清代盛行考證之學，

其考證之內容不僅多樣，而且還相當豐富。

十、校勘類：

查考目前之文獻，最早校勘《老子》者，為西漢之劉向。唐初則有傅奕以項羽妾冢古本校定《老子》。明、清兩代校勘之作頗多，大多為參考眾本，以校訂《老子》本文為主。

十一、評註類：

元初所刊的劉辰翁《老子評點》乃為首作。明代興評點之學，因在義理上已無能創發，故借評點前人之注疏來略申己意。清代嚴復《老子評點》用西學說解《老子》，頗令人耳目一新。

十二、類釋類：

類釋之作，僅收得明代二部著作，其作均節錄《老子》原文，分類編入各目內。

十三、讚頌類：

讚頌之作，僅收得宋代一部、元代三部。都是用詩頌的形式，發表自己對《老子》的見解，實際上也是注《老》的形式之一。

十四、目錄類：

目錄之作，僅收得明代白雲霽《道藏目錄詳註》一部。其書以《道藏》全部道家著述，用《千字文》分門編次，在每書目下，詳列卷數，並簡註內容以為解題。

十五、文粹類：

文粹類的著作，乃是備科舉之用。唐代建立崇玄學並立「道舉」，爾後遂有文粹類的老學著作產生。

十六、輯佚類：

輯佚類的著作，僅收得清代二部。其中只有葉德輝所輯之《葉夢得老子解》是真正為老學研究而作。

再根據附表三「各代各類老學著作平均每百年之著作量」，我們可以看出魏晉之世盛行玄學，其傳注、論說之盛僅次於宋、元時期。唐代尊崇老學，刊立《道德經》經幢、經碑之風盛行，因此正文類之著作以此時最盛。宋、元時期，學者注重義理思辨，因此傳注類之著作以此時最盛。明代興評點之學，故而評註之作以明代最盛。清代盛行考據，注疏、論說之作明顯銳減，但音義、箚記、考證、校勘等性質之著作，卻都是最盛之時。又根據附表四「各代各類老學著作在當代總量中所佔之百分比例」，我們亦可看出注疏、論說之作所佔之比例自明代開始下降，到清代銳減。明

代評註類抬頭，清代箚記類盛行，此現象亦可佐證：明、清兩代在老學研究上已不在老子思想的闡釋上著力。

在中國古代學術發展史上，「注重義理」與「注重考證」兩種傾向交替興盛。歷代的老學研究也是跟著整個學術發展的潮流走：從魏晉到明代都是傾向義理思辨，而到了清代則較重考證性的實學。對學術研究而言，研究義理與從事考證都是不可或缺，二者結合起來才能使研究的成果更加完美。本論文將歷代老子學的注疏與論著，依著作之形式加以分類並考查其存佚。未來當將尚存、已殘、雖佚但猶有輯本之老子學著作，依其思想內容加以分類，以斷出各代老子學之思想流別，並看出歷代以來對於老子思想闡釋的演變。

附表一：歷代各類老學著作之存佚情形一覽表

		正文	傳注	義疏	音義	通論	專論	劄記	傳記	考證	校勘	評註	類釋	讚頌	目錄	文粹	輯佚	總計
先秦	存		2															2
	殘	3																3
	佚		1															1
漢	存		1				2											3
	殘	2	1			1												4
	佚		12			3					1							16
魏	存		1			1												2
	殘					2												2
	佚		11	1		6	2											20
晉	存																	0
	殘																	0
	佚	2	31		3	3	1											40
南北朝	存				1													1
	殘			2														2
	佚		20	8		2	1	1										32
隋	存																	0
	殘																	0
	佚		3	4		5	1											13
唐	存	2	6	3			1				1							13
	殘	7	1	1		1												10
	佚	1	37	13	1	16		3	1								1	73
五代	存			1			1											2
	殘																	0
	佚	1	3	1	1	1												7

		正文	傳注	義疏	音義	通論	專論	劄記	傳記	考證	校勘	評註	類釋	讚頌	目錄	文粹	輯佚	總計
宋	存	1	19	2	1	5	1	1		1				1				32
	殘	2	1	2														5
	佚	1	52	4	2	7												66
元	存	4	7	1		2						1		3		1		19
	殘		1	1														2
	佚		17	1		3					1							22
明	存	1	28		1		1			3	9	14	2		1	4		64
	殘																	0
	佚	2	20	3		6										2		33
清	存		22	4	4	2		14		9	8	3				1	2	69
	殘																	0
	佚		11			1		1										13
總 計		29	308	52	14	67	11	20	1	13	20	18	2	4	1	9	2	571

附表二：歷代各類老學著作統計總表

朝代（國祚）	先秦	漢（422）	魏（45）	晉（155）	南北朝（161）	隋（37）	唐（289）	五代（53）	宋（319）	元（89）	明（276）	清（267）	總計
正　文	3	2		2			10	1	4	4	3		29
傳　注	3	14	12	31	20	3	44	3	72	25	48	33	308
義　疏			1		10	4	17	2	8	3	3	4	52
音　義				3	1		1	1	3		1	4	14
通　論		4	9	3	2	5	17	1	12	5	6	3	67
專　論		2	2	1	1	1	1	1	1		1		11
劄　記					1		3		1			15	20
傳　記							1						1
考　證									1		3	9	13
校　勘		1					1			1	9	8	20
評　註										1	14	3	18
類　釋											2		2
讚　頌									1	3			4
目　錄											1		1
文　粹							1			1	6	1	9
輯　佚												2	2
總　計	6	23	24	40	35	13	96	9	103	43	97	82	571

附表三：各代各類老學著作平均每百年之著作量

	漢	魏 晉	南北朝 隋	唐 五代	宋 元	明	清	漢至清
正　文	0.47	1.00		3.22	1.96	1.09		1.23
傳　注	3.32	21.50	11.62	13.74	23.77	17.39	12.36	14.43
義　疏		0.50	7.07	5.56	2.70	1.09	1.50	2.46
音　義		1.50	0.51	0.58	0.74	0.36	1.50	0.66
通　論	0.95	6.00	3.54	5.26	4.17	2.17	1.12	3.17
專　論	0.47	1.50	1.01	0.58	0.25	0.36		0.52
劄　記			0.51	0.88	0.25		5.62	0.95
傳　記				0.29				0.05
考　證					0.25	1.09	3.37	0.62
校　勘	0.24			0.29	0.25	3.26	3.00	0.95
評　註					0.25	5.07	1.12	0.85
類　釋						0.72		0.09
讚　頌					0.98			0.19
目　錄						0.36		0.05
文　粹				0.29	0.25	2.17	0.37	0.43
輯　佚							0.75	0.09
總　計	5.45	32.00	24.26	30.69	35.82	35.13	30.71	26.74

附表四：各代各類老學著作在當代總量中所佔之百分比例

（以當代各類之量為分子，當代之總量為分母。）

	漢	魏	晉	南北朝	隋	唐	五代	宋	元	明	清
正　文	8.7	3.1				10.5		5.5		3.1	
傳　注	60.9	67.2		47.9		44.8		66.4		49.5	40.2
義　疏		1.6		29.2		18.1		7.5		3.1	4.9
音　義		4.7		2.1		1.9		2.1		1.0	4.9
通　論	17.4	18.8		14.6		17.1		11.6		6.2	3.7
專　論	8.7	4.7		4.2		1.9		0.7		1.0	
劄　記				2.1		2.9		0.7			18.3
傳　記						1.0					
考　證								0.7		3.1	11.0
校　勘	4.3					1.0		0.7		9.3	9.8
評　註								0.7		14.4	3.7
類　釋										2.1	
讚　頌								2.8			
目　錄										1.0	
文　粹						1.0		0.7		6.2	1.2
輯　佚											2.4

附　註：

1. 魏啓玄學之風，而晉承其緒，故而附表三、附表四將魏、晉兩代合併計算。

2. 《隋書‧經籍志》所載之作者多不詳年代，雖本論文將之附於隋代，但卻可能是南北朝人，故而附表三、附表四將南北朝與隋代合併計算。

3. 五代承唐末學風，故而附表三、附表四將五代與唐代合併計算。

4. 元代劉惟永《道德真經集義》所引之作者多為宋末元初人，所引之著作多不詳撰寫年代。雖本論文將之附於元代，但實不確定作於宋末抑或元初，又元代承襲宋學，故而附表三、附表四將宋、元兩代合併計算。

索 引

（按撰者姓名排序）

	姓　名	章　次	節　次	序　號
1	丁易東	（六）宋元明	（2）	傳注 74
2	于鬯	（七）清代	（7）	校勘 8
3	山琮	（四）南北朝（附隋）	（1）	傳注 22
			（4）	通論 5
4	尹文操	（五）唐代（附五代）	（2）	傳注 14
5	尹先生（尹喜）	（五）唐代（附五代）	（2）	傳注 33
6	尹知章	（五）唐代（附五代）	（2）	傳注 19
7	尹愔	（五）唐代（附五代）	（2）	傳注 23
8	太平光師	（六）宋元明	（2）	傳注 45
9	文廷式	（七）清代	（5）	箚記 14
10	方鵬	（六）宋元明	（14）	文粹 3
11	毋丘望之 （母邱望之、安丘望之）	（二）先秦兩漢	（2）	傳注 8、9
			（3）	通論 2
12	毛達可	（六）宋元明	（2）	傳注 19
13	牛妙傳	（六）宋元明	（2）	傳注 73
14	王一清	（六）宋元明	（2）	傳注 127
15	王夫之	（七）清代	（1）	傳注 1
16	王玄載	（四）南北朝（附隋）	（1）	傳注 3

17	王玄辯	（五）唐代（附五代）	（3）	義疏	11
18	王光庭	（五）唐代（附五代）	（2）	傳注	39
19	王守正	（六）宋元明	（3）	義疏	5
20	王守愚	（六）宋元明	（2）	傳注	64
21	王安石（王介甫）	（六）宋元明	（2）	傳注	2
22	王志然	（六）宋元明	（2）	傳注	25
23	王定柱	（七）清代	（1）	傳注	22
24	王尚述（王尚、王尚楚）	（三）魏晉	（2）	傳注	31
25	王念孫	（七）清代	（5）	箚記	7
26	王昶	（七）清代	（7）	校勘	3
27	王倫	（三）魏晉	（5）	通論	11
28	王珪	（六）宋元明	（2）	傳注	90
			（5）	通論	16
29	王眞	（五）唐代（附五代）	（6）	專論	1
30	王弼	（三）魏晉	（2）	傳注	4
			（5）	通論	4、5、6
31	王無咎	（六）宋元明	（2）	傳注	3
32	王肅	（三）魏晉	（2）	傳注	5
33	王雱	（六）宋元明	（2）	傳注	4
34	王道	（六）宋元明	（2）	傳注	111
35	王誗	（五）唐代（附五代）	（2）	傳注	46
36	王樵	（六）宋元明	（2）	傳注	117
37	王羲之	（三）魏晉	（1）	正文	1
38	王衡	（六）宋元明	（11）	類釋	1
39	王鞮	（五）唐代（附五代）	（2）	傳注	40
			（5）	通論	11、12
40	王顧	（五）唐代（附五代）	（3）	義疏	9
41	司馬光	（六）宋元明	（5）	通論	1
42	巨生	（三）魏晉	（2）	傳注	37
43	本一庵	（六）宋元明	（2）	傳注	85

44	田藝蘅	（六）宋元明	（5）	通論	18
45	申甫	（五）唐代（附五代）	（3）	義疏	14
46	白雲霽	（六）宋元明	（13）	目錄	1
47	白履忠	（五）唐代（附五代）	（2）	傳注	17
48	休休庵（德異禪師）	（六）宋元明	（2）	傳注	60
49	任太玄	（五）唐代（附五代）	（2）	傳注	37
50	任兆麟	（七）清代	（5）	箚記	2
51	任嘏	（三）魏晉	（6）	專論	2
52	危大有	（六）宋元明	（2）	傳注	100
53	安丘	（五）唐代（附五代）	（5）	通論	8
54	成玄英	（五）唐代（附五代）	（2）	傳注	6
			（3）	義疏	1
55	朱升	（六）宋元明	（2）	傳注	101
56	朱孟嘗	（六）宋元明	（5）	通論	23
57	朱得之	（六）宋元明	（2）	傳注	110
			（8）	考證	3
58	朱熹	（六）宋元明	（2）	傳注	36
			（5）	通論	5
59	朱鶴齡	（七）清代	（1）	傳注	4
60	江有誥	（七）清代	（3）	音義	2
61	江徵	（六）宋元明	（3）	義疏	1
62	牟目源	（六）宋元明	（9）	校勘	10
63	羊祜	（三）魏晉	（2）	傳注	13、14
64	佛圖澄	（三）魏晉	（2）	傳注	22
65	何心山	（六）宋元明	（2）	傳注	99
66	何思遠	（五）唐代（附五代）	（5）	通論	9、10
67	何晏	（三）魏晉	（3）	義疏	1
			（5）	通論	3、4
68	何道全	（六）宋元明	（2）	傳注	94
69	吳世尚	（七）清代	（4）	通論	2

70	吳汝紀	（六）宋元明	（3）	義疏	13
71	吳汝綸	（七）清代	（8）	評註	2
72	吳伯敬	（六）宋元明	（5）	通論	21
73	吳伯與	（六）宋元明	（2）	傳注	125
74	吳勉學	（六）宋元明	（9）	校勘	6
75	吳善經	（五）唐代（附五代）	（2）	傳注	28
76	吳雲	（七）清代	（7）	校勘	4
77	吳筠	（五）唐代（附五代）	（2）	傳注	25
78	吳德明	（六）宋元明	（5）	通論	22
79	吳澄（吳澂）	（六）宋元明	（2）	傳注	92
			（9）	校勘	1
80	吳鼐	（七）清代	（1）	傳注	20
			（4）	通論	3
			（5）	箚記	5
81	吳環中	（六）宋元明	（2）	傳注	83
82	呂大臨	（六）宋元明	（2）	傳注	10
83	呂氏	（五）唐代（附五代）	（5）	通論	17
84	呂吉甫	（六）宋元明	（2）	傳注	31
85	呂知常	（六）宋元明	（3）	義疏	4
86	呂祖謙	（六）宋元明	（4）	音義	2
87	呂惠卿	（六）宋元明	（2）	傳注	8
88	呂嵒	（五）唐代（附五代）	（2）	傳注	31
89	呂與之	（六）宋元明	（3）	義疏	11
90	宋忠	（五）唐代（附五代）	（2）	傳注	45
91	宋常星	（七）清代	（2）	義疏	1
92	宋翔鳳	（七）清代	（1）	傳注	26
93	（宋）徽宗	（六）宋元明	（2）	傳注	18
94	宋鸞	（六）宋元明	（12）	讚頌	1
95	志琮	（六）宋元明	（2）	傳注	30
96	扶少明	（五）唐代（附五代）	（5）	通論	7

97	李元珍	（六）宋元明	（11）	類釋	2
98	李允愿	（五）唐代（附五代）	（2）	傳注	44
99	李文靬	（六）宋元明	（2）	傳注	42
100	李先芳	（六）宋元明	（2）	傳注	119
101	李含光	（五）唐代（附五代）	（2）	傳注	24
			（7）	箚記	1
102	李廷機	（六）宋元明	（10）	評註	3
103	李奇	（二）先秦兩漢	（2）	傳注	17
104	李是從	（六）宋元明	（2）	傳注	81
105	李畋	（六）宋元明	（4）	音義	1
106	李約（李納）	（五）唐代（附五代）	（2）	傳注	9
107	李若愚	（六）宋元明	（2）	傳注	65
108	李軌	（三）魏晉	（4）	音義	2
109	李衎	（六）宋元明	（2）	傳注	91
110	李純甫	（六）宋元明	（2）	傳注	44
111	李涵虛	（七）清代	（1）	傳注	24
112	李登	（六）宋元明	（1）	正文	10
			（5）	通論	19
113	李雲翔	（六）宋元明	（14）	文粹	7
114	李道純	（六）宋元明	（2）	傳注	77、78
115	李榮	（五）唐代（附五代）	（2）	傳注	10
116	李榮（李嘉謀）	（六）宋元明	（2）	傳注	54
117	李播	（四）南北朝（附隋）	（1）	傳注	21
118	李虞芸	（七）清代	（3）	音義	3
119	李霖	（六）宋元明	（2）	傳注	32
120	李贄	（六）宋元明	（2）	傳注	118
121	李寶淦	（七）清代	（9）	文粹	1
122	杜光庭	（五）唐代（附五代）	（3）	義疏	15
123	杜弼	（四）南北朝（附隋）	（1）	傳注	16
124	杜道堅	（六）宋元明	（2）	傳注	89

					（5）	通論	15
125	杜預（杜元凱）	（三）	魏晉		（2）	傳注	17
126	沈一貫	（六）	宋元明		（2）	傳注	121
127	沈津	（六）	宋元明		（2）	傳注	116
128	沈驎士	（四）	南北朝（附隋）		（4）	通論	2
129	汪中	（七）	清代		（6）	考證	8
130	汪光緒	（七）	清代		（1）	傳注	21
131	汪縉	（七）	清代		（5）	箚記	3
132	谷神子	（五）	唐代（附五代）		（3）	義疏	8
133	車弼	（五）	唐代（附五代）		（3）	義疏	10
134	邢南和	（五）	唐代（附五代）		（2）	傳注	22
135	阮咸	（三）	魏晉		（2）	傳注	6
136	阮籍	（三）	魏晉		（5）	通論	7、8
137	和凝	（五）	唐代（附五代）		（5）	通論	18
138	（周）文帝	（四）	南北朝（附隋）		（1）	傳注	14
					（2）	義疏	7
139	周弘正	（四）	南北朝（附隋）		（1）	傳注	17
					（2）	義疏	10
140	周弘讓	（六）	宋元明		（1）	正文	3
141	周如砥	（六）	宋元明		（2）	傳注	141
142	周固樸	（六）	宋元明		（6）	專論	1
143	孟氏（孟子）	（三）	魏晉		（2）	傳注	12
144	孟安排	（四）	南北朝（附隋）		（1）	傳注	11
145	孟智周	（四）	南北朝（附隋）		（2）	義疏	5
146	宗文明	（四）	南北朝（附隋）		（1）	傳注	13
147	宗塞	（四）	南北朝（附隋）		（4）	通論	4
148	易佩紳	（七）	清代		（1）	傳注	31
149	易順鼎	（七）	清代		（5）	箚記	11
150	（明）太祖	（六）	宋元明		（2）	傳注	98
151	林兆恩	（六）	宋元明		（2）	傳注	123

152	林希逸	（六）宋元明	（2）	傳注	55
153	林志堅	（六）宋元明	（2）	傳注	93
154	林東	（六）宋元明	（2）	傳注	40
			（4）	音義	3
			（5）	通論	10
155	林靈素	（六）宋元明	（2）	傳注	17
156	松靈仙人	（五）唐代（附五代）	（2）	傳注	34
157	河上丈人	（二）先秦兩漢	（2）	傳注	3
158	河上公	（二）先秦兩漢	（2）	傳注	4
159	花尚	（七）清代	（1）	傳注	9
160	邵弁	（六）宋元明	（2）	傳注	112
161	邵若愚	（六）宋元明	（2）	傳注	21
162	金道果	（七）清代	（1）	傳注	23
163	邯鄲氏	（三）魏晉	（2）	傳注	39
164	俞樾	（七）清代	（8）	評註	1
165	姚文田	（七）清代	（3）	音義	1
166	姚鼐	（七）清代	（1）	傳注	15
167	帥夜光	（五）唐代（附五代）	（2）	傳注	21
168	施堯臣	（六）宋元明	（9）	校勘	3
169	洪頤煊	（七）清代	（5）	箚記	6
170	洪應紹	（六）宋元明	（2）	傳注	134
171	皇甫濂	（六）宋元明	（2）	傳注	109
172	皇甫謐（玄景先生）	（三）魏晉	（2）	傳注	15
173	盈氏	（三）魏晉	（2）	傳注	41
174	紀大奎	（七）清代	（4）	通論	1
175	紀昀	（七）清代	（7）	校勘	1
176	胥六虛	（六）宋元明	（2）	傳注	79
177	胡超	（五）唐代（附五代）	（3）	義疏	2
178	胡與高	（七）清代	（1）	傳注	11
179	范方	（六）宋元明	（10）	評註	15

180	范長生（蜀才）	（三）魏晉	（2）	傳注	20
181	范望（范望州）	（三）魏晉	（2）	傳注	10
182	范應元	（六）宋元明	（2）	傳注	57
183	韋錄（韋處玄、韋處元）	（四）南北朝（附隋）	（2）	義疏	11
184	倪元坦	（七）清代	（1）	傳注	17
185	倪思	（六）宋元明	（2）	傳注	37
186	凌稚隆（凌以棟）	（六）宋元明	（10）	評註	7
187	凌遘	（六）宋元明	（2）	傳注	29
188	（唐）玄宗	（五）唐代（附五代）	（2）	傳注	20
			（3）	義疏	5
189	唐耜	（六）宋元明	（2）	傳注	28
190	唐琯	（七）清代	（1）	傳注	10
191	（唐）睿宗	（五）唐代（附五代）	（3）	義疏	4
192	員興宗	（六）宋元明	（2）	傳注	26
193	夏侯玄	（三）魏晉	（5）	通論	9
194	孫承澤	（七）清代	（1）	傳注	5
195	孫思邈	（五）唐代（附五代）	（2）	傳注	7
196	孫登	（三）魏晉	（2）	傳注	35
			（4）	音義	1
197	孫詒讓	（七）清代	（5）	劄記	13
198	孫鑛	（六）宋元明	（10）	評註	11
199	徐大椿	（七）清代	（1）	傳注	14
200	徐氏	（二）先秦兩漢	（2）	傳注	7
201	徐永祐	（七）清代	（1）	傳注	12
202	徐君約	（六）宋元明	（5）	通論	9
203	徐鉉（徐玄）	（五）唐代（附五代）	（4）	音義	2
204	徐鼐	（七）清代	（5）	劄記	9
205	徐學謨	（六）宋元明	（2）	傳注	126
206	徐邈	（五）唐代（附五代）	（2）	傳注	35
207	時雍	（六）宋元明	（2）	傳注	59

208	晁公武	（六）宋元明	（5）	通論	4
209	晁迴	（六）宋元明	（2）	傳注	1
210	桂天祥	（六）宋元明	（14）	文粹	4
211	柴元皋	（六）宋元明	（2）	傳注	63
212	祖台之	（三）魏晉	（6）	專論	3
213	祖沖之	（四）南北朝（附隋）	（1）	傳注	4
214	祝世祿	（六）宋元明	（10）	評註	10
215	秦系	（五）唐代（附五代）	（2）	傳注	27
216	翁正春	（六）宋元明	（10）	評註	2
217	荀融	（三）魏晉	（2）	傳注	7
218	袁眞	（三）魏晉	（2）	傳注	24
219	馬巨濟	（六）宋元明	（2）	傳注	27
220	馬國翰	（七）清代	（10）	輯佚	1
221	馬誕	（五）唐代（附五代）	（2）	傳注	47
222	馬融	（二）先秦兩漢	（2）	傳注	14
223	馬應龍	（六）宋元明	（2）	傳注	138
224	馬總	（五）唐代（附五代）	（2）	傳注	26
225	馬驌	（七）清代	（5）	箚記	4
226	高延第	（七）清代	（1）	傳注	28
227	偓松子	（五）唐代（附五代）	（2）	傳注	8
228	寇才質	（六）宋元明	（2）	傳注	34
229	崔少元	（五）唐代（附五代）	（5）	通論	16
230	常氏	（三）魏晉	（2）	傳注	40
231	張正學	（六）宋元明	（2）	傳注	131
232	張耒	（六）宋元明	（2）	傳注	16
233	張位（張洪陽）	（六）宋元明	（2）	傳注	105
234	張沖應	（六）宋元明	（2）	傳注	53
235	張時徹	（六）宋元明	（2）	傳注	124
236	張惠超	（五）唐代（附五代）	（3）	義疏	12
237	張揖	（三）魏晉	（2）	傳注	11

238	張登雲	（六）宋元明	（2）	傳注	120
239	張嗣	（三）魏晉	（2）	傳注	38
240	張嗣成	（六）宋元明	（12）	讚頌	2
241	張道相（張君相）	（五）唐代（附五代）	（2）	傳注	32
242	張暟	（四）南北朝（附隋）	（5）	專論	1
243	張爾岐	（七）清代	（1）	傳注	6
244	張慶之	（六）宋元明	（2）	傳注	80
245	張憑	（三）魏晉	（2）	傳注	25
246	張薦明	（五）唐代（附五代）	（1）	正文	11
247	張譏	（四）南北朝（附隋）	（1）	傳注	19
248	張靈應	（六）宋元明	（2）	傳注	86
249	強思齊	（五）唐代（附五代）	（3）	義疏	16
250	曹道沖	（六）宋元明	（2）	傳注	39
251	梁玉繩	（七）清代	（6）	考證	7
252	（梁）武帝	（四）南北朝（附隋）	（1）	傳注	12
			（2）	義疏	6
253	梁章鉅	（七）清代	（5）	劄記	8
254	（梁）簡文帝	（四）南北朝（附隋）	（2）	義疏	8
			（6）	劄記	1
255	梁曠	（四）南北朝（附隋）	（1）	傳注	6、7、8
256	（清）世祖	（七）清代	（1）	傳注	2
257	清陽子	（七）清代	（2）	義疏	2、3
258	畢沅	（七）清代	（6）	考證	6
259	符少明	（五）唐代（附五代）	（5）	通論	6
260	許宗魯	（六）宋元明	（9）	校勘	2
261	許劍道人	（六）宋元明	（1）	正文	11
262	通玄先生	（五）唐代（附五代）	（6）	專論	2
263	郭子章	（六）宋元明	（2）	傳注	135
264	郭良翰	（六）宋元明	（2）	傳注	139
265	郭乾洒	（七）清代	（1）	傳注	13

266	郭象	（三）魏晉	（2）	傳注	18
267	郭階	（七）清代	（5）	箚記	12
268	郭雲	（五）唐代（附五代）	（2）	傳注	3
269	郭璞	（三）魏晉	（2）	傳注	21
270	陳三立	（七）清代	（1）	傳注	29
271	陳仁錫	（六）宋元明	（10）	評註	14
272	陳元英	（六）宋元明	（2）	傳注	66
273	陳元贇	（六）宋元明	（2）	傳注	145
274	陳岳	（六）宋元明	（2）	傳注	95
275	陳致虛（陳觀吾）	（六）宋元明	（12）	讚頌	3
276	陳庭玉	（五）唐代（附五代）	（3）	義疏	6
277	陳皋	（六）宋元明	（2）	傳注	20
278	陳深	（六）宋元明	（10）	評註	4
279	陳景元（陳景先）	（六）宋元明	（2）	傳注	6、7
280	陳象古	（六）宋元明	（2）	傳注	12
281	陳嗣古	（五）唐代（附五代）	（2）	傳注	43
282	陳嘉謨	（六）宋元明	（3）	義疏	12
283	陳夢雷	（七）清代	（6）	考證	1、2、3、4
284	陳韶	（三）魏晉	（2）	傳注	33
285	陳澧	（七）清代	（1）	傳注	27
286	陳繼儒	（六）宋元明	（10）	評註	6
			（14）	文粹	6
287	陳懿典	（六）宋元明	（2）	傳注	130
288	陳顯微	（六）宋元明	（2）	傳注	49
289	陸心源	（七）清代	（7）	校勘	7
290	陸佃	（六）宋元明	（2）	傳注	13
291	陸希聲	（五）唐代（附五代）	（2）	傳注	30
292	陸長庚	（六）宋元明	（2）	傳注	114
293	陸修靜	（四）南北朝（附隋）	（4）	通論	1
294	陸德明	（四）南北朝（附隋）	（2）	義疏	12

				（3）	音義	1
295	陶弘景（陶洪景）	（四）南北朝（附隋）	（1）	傳注	9
296	陶宗儀	（六）宋元明	（14）	文粹	1
297	陶望齡	（六）宋元明	（2）	傳注	132
298	陶鴻慶	（七）清代	（5）	箚記	10
				（7）	校勘	5
299	章安	（六）宋元明	（3）	義疏	2
300	傅山	（七）清代	（5）	箚記	1
301	傅氏	（二）先秦兩漢	（2）	傳注	6
302	傅玄	（三）魏晉	（2）	傳注	16
303	傅奕	（五）唐代（附五代）	（2）	傳注	4
				（4）	音義	1
				（9）	校勘	1
304	喻清中	（六）宋元明	（2）	傳注	75
305	喬諷	（五）唐代（附五代）	（3）	義疏	18
306	彭好古	（六）宋元明	（9）	校勘	7
307	彭耜	（六）宋元明	（2）	傳注	43
				（7）	箚記	1
				（8）	考證	1
308	曾如春	（六）宋元明	（2）	傳注	115
309	湘	（二）先秦兩漢	（2）	傳注	13
310	焦竑	（六）宋元明	（2）	傳注	122
				（8）	考證	4
311	程大昌	（六）宋元明	（2）	傳注	24
312	程以寧	（六）宋元明	（2）	傳注	142
313	程兆莘	（六）宋元明	（9）	校勘	9
314	程俱	（六）宋元明	（5）	通論	3
315	程韶	（三）魏晉	（2）	傳注	32
316	閔齊伋	（六）宋元明	（4）	音義	4
				（9）	校勘	8

317	馮朝隱	（五）唐代（附五代）	（2）	傳注	18
318	馮夢楨	（六）宋元明	（9）	校勘	5
319	馮廓	（五）唐代（附五代）	（2）	傳注	29
320	黃之寀	（六）宋元明	（9）	校勘	7
321	黃元御	（七）清代	（1）	傳注	19
322	黃文運	（七）清代	（7）	校勘	2
323	黃玄賾	（五）唐代（附五代）	（2）	傳注	11
324	黃洪憲	（六）宋元明	（2）	傳注	128
325	黃茂材	（六）宋元明	（2）	傳注	33
326	黃裳	（七）清代	（2）	義疏	4
327	黃潤玉	（六）宋元明	（2）	傳注	102
328	圓師	（六）宋元明	（2）	傳注	46
329	想余	（二）先秦兩漢	（2）	傳注	12
330	想爾	（二）先秦兩漢	（2）	傳注	11
331	楊上善（楊善上）	（五）唐代（附五代）	（2）	傳注	12、13
			（5）	通論	2
332	楊上器	（五）唐代（附五代）	（2）	傳注	41
333	楊文會	（七）清代	（1）	傳注	33
334	楊孚	（二）先秦兩漢	（2）	傳注	16
335	楊起元	（六）宋元明	（10）	評註	5
336	楊智仁	（六）宋元明	（2）	傳注	76
337	楊椿	（六）宋元明	（3）	義疏	3
338	楊羲	（三）魏晉	（1）	正文	2
339	萬表	（六）宋元明	（2）	傳注	108
340	葉向高	（六）宋元明	（2）	傳注	129
341	葉夢得	（六）宋元明	（2）	傳注	22
342	葉德輝	（七）清代	（10）	輯佚	2
343	葉適	（六）宋元明	（5）	通論	8
344	葛仙公（葛僊公）	（三）魏晉	（5）	通論	2
345	葛玄	（三）魏晉	（2）	傳注	3

			（5）	通論	1
346	葛長庚（白玉蟾）	（六）宋元明	（2）	傳注	38
			（5）	通論	6
347	葛洪	（三）魏晉	（2）	傳注	23
			（5）	通論	10
348	董思靖	（六）宋元明	（2）	傳注	50
349	董遇	（三）魏晉	（2）	傳注	9
350	董漢策	（七）清代	（1）	傳注	8
351	董懋策	（六）宋元明	（10）	評註	13
352	虞翻	（三）魏晉	（2）	傳注	2
353	詹秋圃	（六）宋元明	（2）	傳注	58
354	賈大隱	（五）唐代（附五代）	（3）	義疏	3
355	賈至	（五）唐代（附五代）	（3）	義疏	7
			（5）	通論	5
356	賈青夷	（六）宋元明	（3）	義疏	7
357	辟閭仁諝	（五）唐代（附五代）	（2）	傳注	15
358	達眞子	（六）宋元明	（2）	傳注	41
359	雷思齊	（六）宋元明	（2）	傳注	88
360	鳩摩羅什	（三）魏晉	（2）	傳注	29
361	僧文儻	（五）唐代（附五代）	（3）	義疏	19
362	僧肇	（三）魏晉	（2）	傳注	30
363	廖粹然	（六）宋元明	（2）	傳注	84
364	臧矜（臧玄靜）	（四）南北朝（附隋）	（2）	義疏	9
365	裴處恩（裴楚恩）	（三）魏晉	（2）	傳注	34
366	褚伯秀	（六）宋元明	（2）	傳注	62
367	趙令穆	（六）宋元明	（2）	傳注	67
368	趙志堅	（六）宋元明	（3）	義疏	6
369	趙汸	（六）宋元明	（2）	傳注	96
370	趙孟頫	（六）宋元明	（1）	正文	8
371	趙秉文（趙學士）	（六）宋元明	（2）	傳注	47、48

372	趙堅	（五）唐代（附五代）	（3）	義疏	13
373	趙統	（六）宋元明	（2）	傳注	133
374	趙善湘	（六）宋元明	（2）	傳注	52
375	趙實庵	（六）宋元明	（2）	傳注	23
376	劉仁會	（三）魏晉	（2）	傳注	36
377	劉仲融	（三）魏晉	（2）	傳注	43
378	劉向	（二）先秦兩漢	（3）	通論	1
			（5）	校勘	1
379	劉安	（二）先秦兩漢	（4）	專論	1、2
380	劉伯淵	（六）宋元明	（14）	文粹	5
381	劉辰翁	（六）宋元明	（10）	評註	1
382	劉貞遠	（七）清代	（1）	傳注	3
383	劉師立	（六）宋元明	（2）	傳注	35
384	劉師培	（七）清代	（3）	音義	4
			（5）	箚記	15
385	劉涇	（六）宋元明	（2）	傳注	9
386	劉惟永	（六）宋元明	（2）	傳注	87
			（5）	通論	13
387	劉莊孫	（六）宋元明	（5）	通論	14
388	劉陶	（二）先秦兩漢	（3）	通論	4
389	劉程之（劉遺民、劉道人）	（三）魏晉	（5）	通論	12
390	劉進喜	（四）南北朝（附隋）	（2）	義疏	13
			（4）	通論	3
391	劉黃老	（三）魏晉	（2）	傳注	27
392	劉概（劉仲平）	（六）宋元明	（2）	傳注	5
393	劉驥	（六）宋元明	（5）	通論	2
394	德園子	（七）清代	（1）	傳注	30
395	潘基慶	（六）宋元明	（2）	傳注	137
396	滕雲山	（七）清代	（1）	傳注	32
397	蔣之奇	（六）宋元明	（2）	傳注	14、15

398	蔣融庵	（六）宋元明	（12）	讚頌	4
399	蔡子晃	（五）唐代（附五代）	（2）	傳注	5
400	諸萬里	（六）宋元明	（5）	通論	20
401	諸糅	（四）南北朝（附隋）	（1）	傳注	18
402	鄰氏	（二）先秦兩漢	（2）	傳注	5
403	鄭玄（鄭康成）	（二）先秦兩漢	（2）	傳注	15
404	鄭圭	（六）宋元明	（2）	傳注	140
405	鄭俠	（六）宋元明	（5）	通論	7
406	鄭環	（七）清代	（1）	傳注	16
407	鄭隱（鄭思遠）	（三）魏晉	（2）	傳注	19
408	鄭瓘	（六）宋元明	（2）	傳注	103
409	鄧暄	（七）清代	（1）	傳注	18
410	鄧粲	（三）魏晉	（2）	傳注	26
411	鄧錡	（六）宋元明	（2）	傳注	82
412	黎元興	（五）唐代（附五代）	（2）	傳注	36
413	黎堯卿	（六）宋元明	（14）	文粹	2
414	樹鍾山（鍾樹山）	（五）唐代（附五代）	（2）	傳注	42
415	燕若士	（五）唐代（附五代）	（5）	通論	13
			（7）	箚記	3
416	盧文弨	（七）清代	（6）	考證	5
417	盧光	（四）南北朝（附隋）	（1）	傳注	10
418	盧裕（盧景裕）	（四）南北朝（附隋）	（1）	傳注	5
419	盧藏用	（五）唐代（附五代）	（2）	傳注	16
420	戴逵	（三）魏晉	（4）	音義	3
421	戴詵	（四）南北朝（附隋）	（2）	義疏	14
422	薛甲	（六）宋元明	（2）	傳注	107
423	薛季昌	（五）唐代（附五代）	（5）	通論	3、4
424	薛致玄	（六）宋元明	（3）	義疏	9、10
425	薛蕙	（六）宋元明	（2）	傳注	104
			（8）	考證	2

426	謝汝韶	（六）宋元明	（9）	校勘	4
427	謝圖南	（六）宋元明	（2）	傳注	51
428	鍾惺	（六）宋元明	（1）	正文	9
			（10）	評註	12
429	鍾會	（三）魏晉	（2）	傳注	8
			（6）	專論	1
430	鍾絲	（三）魏晉	（2）	傳注	1
431	鍾繼元	（六）宋元明	（2）	傳注	113
432	韓伯（韓康伯）	（三）魏晉	（2）	傳注	28
433	韓壯	（四）南北朝（附隋）	（4）	通論	6
434	韓非	（二）先秦兩漢	（2）	傳注	1、2
435	韓莊	（四）南北朝（附隋）	（4）	通論	7
436	歸有光	（六）宋元明	（10）	評註	8、9
437	歸起先	（六）宋元明	（2）	傳注	144
438	顏師古	（五）唐代（附五代）	（5）	通論	1
439	魏源	（七）清代	（1）	傳注	25
440	魏徵	（五）唐代（附五代）	（2）	傳注	1、2
441	魏錫曾	（七）清代	（7）	校勘	6
442	嚴可均	（七）清代	（6）	考證	9
443	嚴復	（七）清代	（8）	評註	3
444	嚴遵（嚴君平）	（二）先秦兩漢	（2）	傳注	10
			（3）	通論	3
445	寶略	（四）南北朝（附隋）	（1）	傳注	15
446	蘇敬靜	（六）宋元明	（2）	傳注	61
447	蘇轍	（六）宋元明	（2）	傳注	11
448	瞻思	（六）宋元明	（5）	通論	17
449	釋惠琳（釋慧琳）	（四）南北朝（附隋）	（1）	傳注	2
450	釋惠嚴（釋慧嚴）	（四）南北朝（附隋）	（1）	傳注	1
451	釋義盈	（三）魏晉	（2）	傳注	42
452	釋德玉	（七）清代	（1）	傳注	7

453	釋德清	（六）宋元明	（2）	傳注	106
			（6）	專論	2
454	釋慧觀	（四）南北朝（附隋）	（2）	義疏	1
455	顧如華	（七）清代	（1）	傳注	5
456	顧錫疇	（六）宋元明	（2）	傳注	143
457	顧歡	（四）南北朝（附隋）	（2）	義疏	2、3、4
458	龔士卨	（六）宋元明	（2）	傳注	56
459	龔法師	（五）唐代（附五代）	（2）	傳注	38
460	龔修默	（六）宋元明	（2）	傳注	136
461	龔錫爵	（六）宋元明	（3）	義疏	14

參考書目

(按參考之主次排列)

1. 楊家駱撰，《老子新考述略》（楊家駱編《諸子集成》第一集，第二冊）（臺北：世界書局，1956 年）。

2. 王有三撰，《老子考》（臺北：東昇出版社，1981 年）。

3. 顧頡剛等著，《古史辨》（上海：上海古籍出版社，1982 年重印本）。

4. 陳鼓應撰，《老子今註今譯及評介》（臺北：臺灣商務印書館，1997 年修訂版）。

5. 嚴靈峰撰，《老子研讀須知》（臺北：正中書局，1996 年）。

6. 周次吉撰，《老子考述》（臺北：文津出版社，1986 年）。

7. 蔣錫昌撰，《老子校詁》（臺北：東昇出版社，1980 年）。

8. 馬敘倫撰，《老子校詁》（北京：中華書局，1974 年）。

9. 許抗生撰，《老子研究》（臺北：水牛出版社，1992 年）。

10. 胡楚生撰，《老莊研究》（臺北：臺灣學生書局，1992 年）。

11. 鄭良樹撰，《老子新校》（臺北：臺灣學生書局，1997 年）。

12. 嚴靈峰撰，《老子達解》（臺北：華正書局，1982 年）。

13. 古棣、周英撰，《老子通》（高雄：麗文文化公司，1995 年）。

14. 錢穆撰，《莊老通辨》（臺北：東大圖書公司，1991 年）。

15. 朱越利撰，《道藏分類解題》（北京：華夏出版社，1996 年）。

16. 黃釗撰，《帛書老子校注析》（臺北：臺灣學生書局，1991 年）。

17. 葉程義撰，《帛書〈老子〉校劉師培〈老子斠補〉疏證》（臺北：文史哲出版社，1994 年）。

18. 魏啓鵬撰，《楚簡〈老子〉柬釋》（臺北：萬卷樓圖書公司，1999 年）。

19. 饒宗頤撰，《老子想爾注校箋》（香港：著者，1956 年）。

20. 顧寶田、張忠利撰，《新譯老子想爾注》（臺北：三民書局，1997 年）。

21. 嚴靈峰撰,《老子宋注叢殘》（臺北：臺灣學生書局,1979 年）。

22. 蒙文通撰,《道書輯校十種》（成都：巴蜀書社,2001 年）。

23. 陳伯君撰,《阮籍集校注》（北京：中華書局,1987 年）。

24. 熊鐵基等撰,《中國老學史》（福州：福建人民出版社,1995 年）。

25. 魏元珪撰,《老子思想體系探索》（臺北：新文豐出版公司,1997 年）。

26. 熊鐵基等撰,《二十世紀中國老學》（福州：福建人民出版社,2002 年）。

27. 曾春海撰,《兩漢魏晉哲學史》（臺北：五南圖書出版公司,2002 年）。

28. 陶建國撰,《兩漢魏晉之道家思想》（臺北：文津出版社,1990 年）。

29. 黃公偉撰,《道家哲學系統探微》（臺北：新文豐出版公司,1981 年）。

30. 張成秋撰,《先秦道家思想研究》（臺北：臺灣中華書局,1971 年）。

31. 勞思光撰,《新編中國哲學史》（臺北：三民書局,1983 年）。

32. 本師傅武光先生、賴炎元撰,《新譯韓非子》（臺北：三民書局,1997 年）。

33. 張覺撰,《韓非子釋譯》（臺北：臺灣古籍出版公司,2002 年再版）。

34. 鄭良樹撰,《韓非之著述及思想》（臺北：臺灣學生書局,1993 年）。

35. 熊禮匯撰,《新譯淮南子》（臺北：三民書局,1997 年）。

36. 張樫總策劃,閔智亭、李養正主編,《中國道教大辭典》（臺中：東久企業有限公司,1996 年）。

37. 朱越利撰,《道經總論》（臺北：洪葉文化事業有限公司,1995 年）。

38. 任繼愈主編,《中國道教史》（臺北：桂冠圖書,1991 年）。

39. 劉精誠撰,《中國道教史》（臺北：文津出版社,1993 年）。

40. 蕭登福撰,《周秦兩漢早期道教》（臺北：文津出版社,1998 年）。

41. 湯一介撰,《魏晉南北朝時期的道教》（臺北：東大圖書,1988 年）。

42. （宋）王堯臣撰（清）錢東垣輯釋,《崇文總目》（臺北：臺灣商務印書館,1978 年）。

43. （宋）尤袤撰,《遂初堂書目》（臺北：臺灣商務印書館,1966 年）。

44. （宋）晁公武撰,《郡齋讀書志》（臺北：廣文書局,1968 年）。

45. （宋）陳振孫撰,《直齋書錄解題》（臺北：廣文書局,1968 年）。

46. 嚴靈峰撰,《周秦漢魏諸子知見書目》第一冊（北京：中華書局,1993 年）。

47. 嚴靈峰編,《無求備齋老子集成初編》（臺北：藝文印書館,1965 年）。

（宋）范應元撰,《老子道德經古本集註》。

（《無求備齋老子集成初編》蒐輯范應元《老子道德經古本集註》等明代以前《老子》孤本遺篇 140 種,都在本論文參閱之列,於此不予詳載。）

48. 嚴靈峰編,《無求備齋老子集成續編》（臺北：藝文印書館,1970 年）。

（《無求備齋老子集成續編》所蒐輯之清代《老子》相關著述 71 種,都在本論文

參閱之列，於此不予詳載。）

49. 楊家駱主編，《新校本二十五史》（臺北：鼎文書局，1975 年）。

    （漢）司馬遷撰，《史記》。

    （漢）班固撰，《漢書》。

    （唐）魏徵等撰，《隋書》。

    （後晉）劉昫等撰，《舊唐書》。

    （宋）歐陽修等撰，《唐書》。

    （元）脫脫等撰，《宋史》。

    （清）張廷玉等撰，《明史》。

50. 楊家駱編，《中國學術名著》第六輯，《中國目錄學名著》第三集（臺北：世界書局，1963 年）。

    第一冊

    （漢）班固撰，（唐）顏師古注，《漢書藝文志》。

    （清）姚振宗撰，《漢書藝文志拾補》。

    （唐）長孫無忌等撰，《隋書經籍志》。

    （清）張鵬一撰，《隋書經籍志補》。

    第二冊

    （後晉）劉昫、（宋）歐陽修撰，（清）沈炳震合編，《唐書經籍藝文合志》。

    （清）陳鱣撰，《續唐書經籍志》。

    （清）顧懷三撰，《補五代史藝文志》。

    第三冊

    （元）脫脫等撰，《宋史藝文志》。

    （清）黃虞稷、倪燦撰，（清）盧文弨訂正，《宋史藝文志補》。

    （宋）紹興中官撰，（清）徐松輯，《四庫闕書目》。

    第四冊

    （宋）紹興中改定，（清）葉德輝考證，《秘書省續編到四庫闕書目》。

    （宋）陳騤等撰，趙士煒輯，《中興館閣書目》。

    （宋）張攀等撰，趙士煒輯，《中興館閣續書目》。

    （宋）官修，趙士煒輯，《宋國史藝文志》。

    第五冊

    （清）王仁俊撰，《西夏藝文志》。

    （清）黃虞稷撰，《千頃堂書目》（遼代部分）。

（清）厲鶚撰，《遼史拾遺補經籍志》。

（清）楊復吉撰，《遼史拾遺補補經籍志》。

（清）倪燦、盧文弨撰，《補遼金元藝文志》（遼代部分）。

（清）金門詔撰，《補三史藝文志》（遼代部分）。

（清）錢大昕撰，《補元史藝文志》（遼代部分）。

（清）乾隆間官修《欽定續父獻通考經籍考》（遼代部分）。

（清）繆荃孫撰，《遼藝文志》。

（清）王仁俊撰，《遼史藝文志補證》。

（清）黃任恆撰，《補遼史藝文志》。

（清）黃虞稷撰，《千頃堂書目》（金代部分）。

（清）倪燦、盧文弨撰，《補遼金元藝文志》（金代部分）。

（清）金門詔撰，《補三史藝文志》（金代部分）。

（清）乾隆間官撰，《欽定續文獻通考經籍考》（金代部分）。

（清）錢大昕撰，《補元史藝文志》（金代部分）。

（清）龔顯曾撰，《金史藝文志補錄》。

孫德謙撰，《金史藝文略》。

第六冊

（清）黃虞稷撰，《千頃堂書目》（元代部分）。

（清）倪燦、盧文弨撰，《補遼金元藝文志》（元代部分）。

（清）金門詔撰，《補三史藝文志》（元代部分）。

（清）乾隆間官修，《欽定續文獻通考經籍考》（元代部分）。

（清）錢大昕撰，《補元史藝文志》。

（清）張錦雲撰，《元史藝文志補》。

第七冊

（清）黃虞稷原編，（清）王鴻緒、張廷玉等刪定，《明史藝文志》。

（清）傅維鱗編，《明書經籍志》。

第八冊

（明）王圻撰，《續文獻通考經籍考》。

（清）乾隆間官修，《欽定續文獻通考經籍考》。

第九冊

（明）焦竑編，《國史經籍志》。

第十冊

（清）宋定國、謝星纏編，《國史經籍志補》。

51. 二十五史刊行委員會編，《二十五史補編》（臺北：開明書店，1959 年）。

（宋）王應麟撰，《漢藝文志考證》。

（清）姚振宗撰，《漢書藝文志拾補》。

（清）姚振宗撰，《漢書藝文志條理》。

孫德謙撰，《漢書藝文志舉例》。

（清）錢大昭撰，《補續漢書藝文志》。

（清）侯康撰，《補後漢書藝文志》。

（清）顧櫰三撰，《補後漢書藝文志》。

（清）姚振宗撰，《後漢藝文志》。

（清）曾樸撰，《補後漢書藝文志并考》。

（清）侯康撰，《補三國藝文志》。

（清）姚振宗撰，《三國藝文志》。

（清）丁國鈞撰，《補晉書藝文志》。

（清）文廷式撰，《補晉書藝文志》。

（清）秦榮光撰，《補晉書藝文志》。

（清）吳士鑑撰，《補晉書經籍志》。

（清）黃逢元撰，《補晉書藝文志》。

聶崇岐撰，《補宋書藝文志》。

陳述撰，《補南齊書藝文志》。

（清）張鵬一撰，《隋書經籍志補》。

（清）章宗源撰，《隋書經籍志考證》。

（清）姚振宗撰，《隋書經籍志考證》。

（清）徐崇撰，《補南北史藝文志》。

（清）顧櫰三撰，《補五代史藝文志》。

（清）倪燦撰、盧文弨校正，《宋史藝文志補》。

（清）王仁俊撰，《西夏藝文志》。

（清）繆荃孫撰，《遼藝文志》。

（清）王仁俊撰，《遼史藝文志補證》。

（清）黃任恆撰，《補遼史藝文志》。

（清）錢大昕撰，《補元史藝文志》。

（清）倪燦撰、盧文弨校正，《補遼金元藝文志》。

（清）金門詔撰，《補三史藝文志》。

52. （清）賀龍驤校勘，（清）彭文勤等纂輯，《道藏輯要》（臺北：考正出版社，1971年）。

（清）賀龍驤抄，《欽定四庫全書道家類簡明目錄》。

（清）賀龍驤抄，《欽定四庫提要道家總目》。

（清）賀龍驤抄，《欽定四庫提要道家類存目總目》。

（清）賀龍驤抄，《欽定道藏全書總目》。

（清）賀龍驤抄，《漢魏叢書道家書目》。

（清）賀龍驤抄，《古今逸史四十種道家書目》。

（清）毛宸撰，（清）賀龍驤抄，《汲古閣珍藏秘本道家書目》。

（宋）晁公武撰，（清）賀龍驤抄，《郡齋讀書志道家書目》。

（宋）陳振孫撰，（清）賀龍驤抄，《直齋書錄解題道家書目》。

（清）賀龍驤抄，《歷朝名選道書目錄》。

（清）賀龍驤輯，《國朝坊刻道書目錄》。

（宋）鄭樵撰，（清）賀龍驤抄，《通志道家書目》。

（元）馬端臨撰，（清）賀龍驤抄，《文獻通考道家書目》。

（清）賀龍驤抄，《欽定續文獻通考道家書目》。

（清）賀龍驤抄，《皇朝文獻通考道家書目》。

53. 《正統道藏》（臺北：新文豐出版公司，1988年再版）。

（唐）杜光庭撰，《道德經廣聖義》。

（宋）陳景元撰，《道德經纂微》。

（宋）李霖撰，《道德眞經取善集》。

（宋）彭耜撰，《道德眞經集註》。

（宋）趙秉文撰，《道德眞經集解》。

（宋）董思靖撰，《道德眞經集解》。

（宋）王守正撰，《道德眞經衍義手鈔》。

（元）劉惟永撰，《道德眞經集義》。

（明）危大有撰，《道德眞經集義》。

（明）焦竑撰，《老子翼》。

（宋）謝守灝撰，《混元聖紀》。

54. 趙爾巽等撰，《清史稿》（北京：中華書局，1998年）。

55. 清史編纂委員會撰，《清史》（國防研究院，1961年）。

56. （南朝）陸德明撰，《經典釋文》（上海：上海古籍出版社，1985年）。

57. 吳承仕撰，《經典釋文序錄疏證》（臺北：崧高書社，1985年）。

58. （明）白雲霽撰，《道藏目錄詳註》（《正統道藏》總目錄）（臺北：新文豐出版公司，1988 年再版）。

59. （清）永瑢等撰，《四庫全書總目提要》（臺北：臺灣商務印書館，1968 年）。

60. （清）胡玉縉撰，《四庫全書總目提要補正》（臺北：木鐸出版社，1981 年）。

61. （清）阮元撰，《四庫未收書目提要》（臺北：臺灣商務印書館，1968 年）。

62. 孫耀卿撰，《四庫書目續編》（臺北：世界書局，1961 年）。

63. 四庫全書存目叢書編纂委員會編，《四庫全書存目叢書》（臺南：莊嚴文化事業有限公司，1997 年）。

64. （清）陳夢雷編，《古今圖書集成‧經籍典》（臺北：鼎文書局，1977 年）。

65. 藤原佐世撰，《日本國見在書目》（臺北：新文豐出版公司，1984 年）。

66. 《道德經名注選輯》（臺北：中國子學名著集成編印基金會，1978 年）。

67. 國立中央圖書館編，《國立中央圖書館善本書目》（臺北：中華叢書委員會，1957～1958 年）。

68. 江蘇省立國學圖書館編，《江蘇省立國學圖書館圖書總目》（東京：中山書社，1953～1954 年）。

69. （明）陳第撰，《世善堂藏書目錄》（臺北：廣文書局，1969 年）。

70. （清）黃虞稷撰，《千頃堂書目》（臺北：廣文書局，1967 年）。

71. （清）徐乾學撰，《傳是樓書目》（上海：上海古籍出版社，1995 年）。

72. （清）祁理孫撰，《奕慶藏書樓書目》（臺北：成文出版社，1978 年）。

73. （明）范欽藏，（清）范邦甸撰，《天一閣書目》（上海：上海古籍出版社，1995 年）。

74. （清）羅振玉撰，《續彙刻書目》（臺北：廣文書局，1972 年）。

75. 丁仁撰，《八千卷樓書目》（臺北：廣文書局，1970 年）。

76. 甘鵬雲撰，《崇雅堂書錄》（臺北：廣文書局，1972 年）。

77. 孫殿起撰，《販書偶記》（上海：上海書店，1992 年）。

78. （清）李慈銘，《越縵堂讀書記》（臺北：世界書局，1961 年）。

79. （清）周中孚撰，《鄭堂讀書記》（臺北：世界書局，1960 年）。